不负芳华

我的教育故事

邵长云 **主编**

天津社会科学院出版社

图书在版编目（CIP）数据

不负芳华：我的教育故事 / 邵长云主编：--天津：
天津社会科学院出版社，2020.10
ISBN 978-7-5563-0666-4

Ⅰ.①不… Ⅱ.①邵… Ⅲ.①教育－文集 Ⅳ.
①G4－53

中国版本图书馆 CIP 数据核字（2020）第 209729 号

不负芳华：我的教育故事
BUFU FANGHUA：WO DE JIAOYU GUSHI

出 版 发 行：天津社会科学院出版社
地　　　址：天津市南开区迎水道 7 号
邮　　　编：300191
电话/传真：（022）23360165（总编室）
　　　　　　（022）23075303（发行科）
网　　　址：www.tass-tj.org.cn
印　　　刷：高教社（天津）印务有限公司

开　　　本：880×1230 毫米　1/32
印　　　张：9.5
字　　　数：160 千字
版　　　次：2020 年 10 月第 1 版　2020 年 10 月第 1 次印刷
定　　　价：68.00 元

序

渤海之畔,河海其右,育人佳苑,芬芳满园,四时序变,馨香依旧。东苑明秀,天津市第四十五中学秉承"幸福教育"之理念,彰显"幸福教育"特色,追寻"幸福教育"价值。"幸福教育"于生能立鸿志,习定有章法,学必有所乐,以奋斗促进持续发展;于师能获尊重,体自足之趣,品育人之味,用实干求得长远幸福。这是所有四十五中人共同向往的美好境界,也是我们步履坚定不懈追求的方向。

沿途走,历经变迁;回首望,点滴的幸福值得我们珍藏;展未来,无数的奇迹等待我们去创造,为此我们将学校老师书写的温馨故事辑录成册,以期你我的记忆锦囊能够储留更多的美好和幸福。这些故事来源于生活,来源于教师自己的教学历程。它也许是一次漫不经心的促膝长谈；也许是一次随机应变的智慧应对；也许是随口而出的温馨话语；也许是一个师生相处的瞬间……这其中有教育智慧的闪烁，有心灵悸动，也有机遇错失的遗憾。走进一个个故事，就走进了一个个丰富的心灵，走进了多姿多彩的幸福生活……

在这桃李芬芳的地方，沐浴幸福教育的幽香，浸润文化育人芬芳。在这里，教师们创造出自己"经典"的教育故事。此书正是教师们自己的故事选集。即将付梓之际，是为序，与大家共享、同勉。

目　录

第一辑
幸福教育于学生能立鸿志，习定有章法，
学必有所乐，以奋斗促进持续发展

第二辑

幸福教育于教师能获尊重,体自足之趣, 品育人之味,用实干求得长远幸福

幸福教育文化育人

天津市第四十五中学

天津市第四十五中学始建于 1954 年,在中华人民共和国成立之初曾因接受大批海外华侨子女就读而被美誉为"华侨学校"。在六十多年的办学历程中,学校的文化传统在不断积淀、传承、发展。多年来,学校始终以"为每一位教师搭设成功的平台,为每一名学生奠定人格与学力发展的基础"为办学理念,以"一条主线,两翼齐飞"为办学思路。"一条主线"是指搞好教育教学工作,"两翼齐飞"是指搞好艺术和体育社团活动。学校"幸福教育"特色办学就是在此基础上提炼出的核心价值理念。

学校幸福教育的内涵:幸福教育,就是学校通过课程的设置、教育教学和各种文化活动的开展、环境氛围的创设等,使广大师生形成正确的幸福观,体验和感受幸福,提高追求和创造幸福的能力,为终身幸福奠基的教育过程。

幸福教育核心理念:

和谐:人身心和谐,人与人和谐,人与自然和谐。

合作:教师合作型团队,学生合作学习,家校社会合作。

发展:教师专业发展,学生全面而有个性发展,学校文化建设发展。

幸福教育目标:身心健康,人格健全,人文至善,科学求真。

选择"幸福教育"作为学校办学特色,正是要改变饱受当前教育之苦的师生只为升学为唯一目的的学校生活,使他们脱离无趣、压抑、厌学的失败感,认识教育的真正意义。教育的目的不是成功而是幸福;教育的质量不是分数而是发展。我们怀着对教育本源的探求,执着地尝试使教育与师生的幸福相融相生,努力去打开教育的幸福之门。帮助师生过一种幸福的教育生活。

一、学校幸福教育文化育人的具体措施及成果

学校幸福教育有意识地以文化、科学、艺术和体育等形式影响人的身心发展,引导师生改善自身。使学生的智慧和人格同步发展,造就学生健全的人格、健康的身心、艺术的气质;使教师树立幸福从教的职业自豪感、成就感;构建和谐教育,实现师生共享的幸福。

1. 环境文化,营造幸福氛围

校园环境作为学校建设工作的重要组成部分,是学校整体面貌和外在形象的表现,是全校师生工作、学习的物质载体。陶行知先生说过,好的生活就是好的教育,优美的校园环境是学校育人环境的重要组成部分,影响着师生对事物的看法,从而使之形成自己的价值观念。

学校物质环境的设计必须强化环境育人意识,使校园环境充满着文化色彩,"努力使学校的墙壁也讲话"。作为学校的教育者,如果能使学校各种物质的东西都能体现学校的个性和精神,都能给学生一种文化享受和催人奋发向上的感受,那么,校园的物质环境就会成为一位沉默而有风范的老师,起着无声胜有声的教育作用。学校的"和"文化主题广场、"上善若水"主题景观雕塑和介绍学校楼名的"仁、义、礼、智、信"释义铜书等一系列文化景观是学校德行为先教育思想的重要体现,能够使广大师生对学校主题建筑的文化内涵及对学生的期许有个直观的了解。

"和"文化主题广场。"礼之用,和为贵"出自《论语》。"和"是人本理念的延伸,包含着自然和谐、人与自然的和谐、人与人的和谐以及自我身心的和谐。"上善若水"主题雕塑，创作理念源自老子《道德经》第八章，寓意教育要像水一样，利于百姓、利于学生和教师专业发展，也阐述了教育如水、润物细无声、不事张扬、默默奉献的品格。水流经的三个不同形状的容器则代表学生，言外之意，教育像水一样，要随方就圆，适应学生特点，关注学生个性发展。这也正符合学校为每一位学生奠定学力与人格发展的基础的办学思路。楼名释义的铜书，分别矗立于各个教学楼的门外，将儒家文化的五常与学校的人文精神内涵进行融合，"仁、义、礼、智、信"，方便各位同学更好地了解其中的内涵深意。

总之，学校环境文化建设的核心是树立群体的共同价值观，通过它的影响在师生中形成一种无形的向心力和凝聚力，把师生行为系于一个共同的理想信念和价值追求之上，从而在高雅丰富的精神生活中，陶冶健康向上的审美情趣和文化品格。在良好的校园环境文化中，必然会出现"勤奋好学、积极向上"的校风，激发着师生的工作和学习热情，比起千遍万遍地说教，教育效果自然事半功倍。学校按照审美的要求去加强校园环境文化建设，这对学生的审美理想、审美趣味和审美观念的形成具有潜移默化的感染作用，而审美趣味和审美理念的提升也有助于师生形成正确的幸福观。

2.学校精神，引领学校发展

为充分挖掘具有幸福教育特色的学校文化内涵，激发全校师生的爱校情结，我们成立了"学校精神"征集小组，全体教职工在"为每一位教师搭建成功的平台，为每一名学生奠定人格与学力发展基础"的办学理念引领下，共同梳理新形势下学校的办学思想，形成"一训三风"和办学目标、培养目标，校训是"崇德、尚智、健体、乐活"，"三风"即"爱探索、爱真理、爱创新、爱生活"的校风，"精于所学、喜于创新、严于授业、乐于树人"的教风，"明德、知耻、善思、好问"的学风。学校的办学目标是"立足于时代发展，着眼于全面培养，精诚于教育事业，致力于打造幸福"，培养目标是"言行得体有教养的人、感恩生活有良知的人、明礼诚信有责任的人、勤学体健可持续发展的人"。

3.育人为本，形成心育特色

创新学校德育工作，以"评估方案"为依据，注重德育队伍建设，围绕核心价值观，突出德育实效性，坚持与时俱进，创新德育过程，结合学生实际，积极开展多种形式的社会实践活动，发展学生社团，注入爱国主义和集体主义新内涵，积极重视家庭与社区功能，形成教育合力，全面提升学生素质，寓德育于活动之中已成为学校特色。

天津市第四十五中学心理健康中心除完成常规活动,还结合学校幸福教育特色,希望更多学生展示自我、关注自我并快乐成长。我们将开展的"我"字系列活动,即校园心理剧、征文作品、T恤设计作品展示等。这既凸显了学校在河东区心理健康教育工作的排头兵作用,也扩大了学校在全区、全市的影响力,树立了学校文化品牌。学校被评为天津市中小学心理健康教育先进校。

此外,学校开展励志、感恩等主题教育活动,帮助学生树立远大理想和正确的幸福观。学校坚持以人为本的德育,希望能够达到"德育无痕"的境界,使学生不知不觉地接受高雅文化的熏陶。将教育融入文化,就能使学生陶冶性灵、变化气质、崇尚道德、感受幸福。

4. 特色课程,践行文化育人

校本课程的开发与实践是幸福教育特色的重要体现。学校将特色课程建设作为构建师生共享幸福的一个重要创新点。学校以"以人育人、文化育人"为目标,以校本课程建设带动师资队伍培养,开发教育资源的同时,使教师丰富自身修养,享受幸福生活。近年来,在学校的倡导下,教师结合自己的兴趣特长,以每学期近30门新课的速度,先后开发了186门幸福课程,有的教师一人就开发了三门课。参与开发课程的教师占全体教师的 61%。学校课程管理委员会引领教师开发了理想目标指导、积极心理健康指导、人生规划指导、阅读指导、思维方法指导、职业生涯规划指导等学生发展指导课程。学校完成了课程体系的构建,制定了课程标准,确定了幸福课程的四个学习领域和十四个主题,即:

中华传统文化教育:文化传承、道德教育、爱国主义教育;

幸福教育:心理健康、健全人格、人生规划、幸福的方法;

生命教育:健康生活、安全教育、科学艺术、休闲健身;

国际理解教育:外国文化、艺术掠影、风土人情。

中华传统文化是向"内"寻找幸福的文化,在当今世界影响力日益增强。中华传统文化具有独特的人文价值,它滋养心灵、提升素质、温暖生命,是幸福的智慧之源。学校在校本课中重视生命教育的内容。珍惜生命,健康生活,成就幸福人生,应该是生命教育的核心。在校本课中,我们有针对性地让学生了解火灾、地震等灾害的特点及应对措施,对于烫伤、运动受伤、溺水、心脏病发作等常见问题,介绍正确的应知应会的基本知识。在幸福教育课程中,培养学生正确的幸福观,积极的生活态度,感恩、关爱他人的善良心灵,帮助学生树立远大理想、人生目标,这些都可以在以幸福为指向的课程实施中得到实现,幸福的人生也得以奠基。校本课程在促进学生人格的完善、素质的提高、潜能的开发、培养创新精神和实践能力、文化育人过程中发挥了重要作用。

5.书香校园,滋养师生心灵

营造"书香校园"是幸福教育特色建设的重要行动。学校每学期通过给全体教师赠购书卡及推荐书目,开展丰富的读书活动,让阅读成为教师的生活常态,在阅读中提高自己、丰富人生。书籍使教师认识到幸福源自职业的自豪感、成就感,认识到教师的专业发展有助于获得幸福感,认识到教师的专业发展是以专业阅读、专业写作、专业发展共同体为支撑的。教师在阅读中提高教育理论水平,学习教育智慧,在学习、反思、实践中提高对教师职业的再认识,并获得职业幸福。

6.社团文化,增强师生幸福

组建教师课余社团是学校"以人育人、文化育人"的幸福教育特色建设在教师身上的体现。现代社会生活节奏的加快,社会竞争的加剧,生活压力的加大,势必反映在学校师生的生活中。教师作为成年人,通过学校组织学习、提高认识、丰富各项课余生活,可以改善紧张的心理状况。但是由于学生面对考试、升学的压力、家长的要求,再加上自身正处于心理向成型转化的阶段,学生们的心理承受能力、心理抗挫能力明显有问题,不少同学的心理处于亚健康状态。而社团活动给学生们提供了一个舞台,让他们能够在这个舞台上体验到成功和快乐。兴趣是人生动机的最根本的源头,是促使人去寻找各种相对应关系的本源。学生社团是建立在共同的兴趣爱好,相同价值观基础上的一个群众性团体。在没有强制、行政命令的情况下,社团活动的顺利开展需要每个成员的责任心、爱心、团队意识,那些富有爱心、奉献精神的社团成员会得到大家的尊重认可,这无形中强化了学生积极而健康的心理。从一定意义上说,心理问题和心理障碍产生的原因在于主观上的挫折感和失败感。生活单调、兴趣压抑、缺少精神寄托容易导致学生因为生活困难和失败而产生心理障碍,而社团——业余生活的成功和快乐能让学生远离心理的危机。社团活动为学生提供了一个跨越班级、开放性交往的环境,社团成员可以让学生有更多的机会结交志趣相投的知心朋友,加强他们自身的心理支持系统,在遇到心理危机的时候获得支持和帮助。社团活动还锻炼和提高了学生们的社会活动能力、人际沟通能力以及某些特殊的技能,增强他们的自我价值感,让他们更加自信,从而促进心理健康。

学校合唱团成立于 2006 年,首任指挥马艺轩,现任指挥王晨,钢琴伴奏王丹。学校聘请天津大学北洋合唱团总指挥任宝平教授、天津音乐学院陈乐昌教授、北洋合唱团驻团作曲崔薇老师为顾问。2011年,学校合唱团加入"世界合唱联盟",现有团员60余人。

学校合唱团自成立以来,先后多次荣获天津市学生合唱节合唱一等奖,在第三届、第四届、第五届全国中小学文艺展演活动中均获得表演类节目声乐中学甲组一等奖,并获得精神文明奖和最佳创作奖。2016年,学校合唱团还代表天津市参加了在青岛举办的第五届全国学生文艺展演,再次取得了一等奖的好成绩。学校合唱团正在积极筹备第六届全国学生文艺展演,力争再创辉煌。

学校不仅仅把合唱团活动作为教育的补充,更是认为它本身就是教育的手段。在活动中学生的审美水平得到提升,更加热爱生活,幸福感也随之更加强烈。2018年11月15日,在学校体育馆举行了"唱响教育新篇,铸就幸福品牌"的班级合唱展示活动,得到社会各界的广泛好评,产生了巨大的影响力。

学校还组织"绿色方舟"管乐团、物联网社团、机器人社团、琴韵社、莲韵社、舞动青春社团、Team Dream女篮社、男篮社团、足球队、田径队、象棋社、心晴社等社团将学校阁楼改造为学生特色社团中心。学校的"绿色方舟"管乐团,连年获得天津市文艺展演一等奖,在2018年天津市文艺展演中获得了第一名的好成绩。同时,学校依托篆刻社团开展了一系列丰富多彩的文化传承活动,让传统文化传遍校园、让传统文化浸润每一名同学的心灵。多年来学校的文化传承工作得到了天津市和教育部的认可,先后获得天津市、全国中华优秀传统文化艺术传承校荣誉称号,学校还积极筹备篆刻文化艺苑,让传统文化植根于校园,让传统文化在无声之中达到育人的效果。

学校每年定期开展校园艺术节、体育节、牡丹节、班班唱等活动。学校也非常重视体育教育,从选课模块教学入手,编写体育与健康基础知识、田径、足球、篮球、排球、乒乓球、羽毛球、形体与瑜伽等 8 个模块教学计划,学生按照自己的身体素质、兴趣爱好等自主选课。同时,学校把阳光体育与群体活动相结合,把校级体育比赛与班级联赛相结合,把普及与彰显特色相结合,形成制度。学校篮球队曾获天津市青少年男篮甲组第一名,高中女子第二名,足球队获市中小学校园足球联赛高中男子组第一名。学校连续 10 多年蝉联天津市河东区春季、秋季运动会第一名。

学校的"一条主线两翼齐飞","主线"是明确的,"两翼"是有力的,艺术、体育作为教育的重要手段,得到学校特别的重视。和谐的教育,就是把人的活动的两种职能配合起来,使两者得到平衡:一种职能是认识和理解客观世界,另一种职能就是人的自我表现。社团活动给了学生一个自由发挥的空间,有不少学生在这个空间中得到了有着共同志趣的朋友的支持,使自身的表现获得他人的认可,从而体验到成功。加强社团活动对塑造学生完善人格,提升品位有着重要作用,是培养"社会人"有效途径之一,也是实施幸福教育文化育人的重要途径之一。

二、学校未来幸福教育文化育人发展的展望

对学生坚持育人为本的原则。综合考查学生发展情况,既要关注学业水平,又要关注品德发展和身心健康;既要关注共同基础,又要关注兴趣特长;既要关注学习结果,又要关注学习过程和效益。

德国著名文学家赫尔曼·黑塞曾经写过这样的诗句:"人生的义务,并无其他。仅有的义务就是幸福,我们都是为幸福而来。"我们的学校就是要教会学生追寻幸福人生的方法,指引教师追求幸福事业的方向,让我们的师生在工作和学习中感受、体悟到生活的美好、生命的灿烂。

未来,学校教育将为使师生拥有"理解幸福的思维、创造幸福的能力、奉献幸福的风格、体验幸福的境界"而继续努力,为创建"幸福教育文化育人"的高中发展新模式做出新的贡献。

第一辑

幸福教育于学生能立鸿志，
习定有章法，学必有所乐，
以奋斗促进持续发展

作者简介： 李鸿喜，2004 年参加工作，被评为河东区第四届名班主任、区优秀教师、区优秀党员，所带班级被评为"区级三好班集体""优秀团支部"等称号。

一场由做公共教室卫生而引发的 "火山爆发"

李鸿喜

　　周一早晨有两个公共教室的卫生由我们班和一班负责。从平时表现来看，一班同学比较老实、踏实、求实，纪律好、学习好。我们班同学比较活泼、学习韧性相对差一些，整体成绩不如一班。由于早自习需要盯班，公共教室和本班教室不在一个楼层，所以不能做到同时盯卫生和盯学生自习，于是我就派周一做值日的同学上楼做卫生，我在楼下盯自习。

　　马上上课了，我去检查，看到的情况是：一班同学正在擦地，很认真，公共教室整洁一新，如果镜头带过，会有一闪一闪的效果。门口都擦得很干净，多余的椅子放在了门口。上课前两分钟铃声已经打了，一班同学不慌不忙充分利用这段时间,有条不紊地收拾着。反观我们班负责的教室,从前门看地面有杂物,没扫干净,地也没擦,黑板没过水,看得过去的是桌椅整齐,还是在上周五摆完没学生上课的情况下保持的。我真正体会到了没有对比就没有伤害。成绩上不如人,让我本就不甘心,再加上今天做卫生这一环节的比较,我内心升起了一团熊熊大火,喉咙有点儿发痒。真是以小见大啊。一班同学把平时的自律带到了做卫生这一环节,可以想象自律已经进入他们生活中。反思我班平时做卫生情况,两个卫生委员一个负责早晨,一个负责中午,按说分工明确,应该收到实效,但是没有。班里的卫生长期是个问题,经常这边上着自习那边做着卫生,这边收着作业那边来回让路,由于学习任务较重,做卫生时间前后会有学习任务,所以我就降低了要求,而这次的事件貌似一个火山爆发的触发点,我不能再退步了。是无边界地"爆发"、一吐为快?还是有想法、有计划地实施,在我的脑子里出现了很多套解决方案。

冷静下来,"火山爆发"固然很好,我自己痛快,学生也被喷发的火山岩浆触到痛处,可痛过之后,无非是留下伤疤,浮于表面,而我想要的是他们能"大彻大悟"。

第一步:我找来两位卫生委员,详细了解监督卫生的困难和各组做卫生情况。

第二步:搜集数据,用数据说话。将每天做卫生所用的时间和效果,做成记录。

第三步:搜集证据,用证据说话。拍照留存做得好的和做得不好的。

第四步:找周一做公共教室的同学们谈话。

第五步:召开主题班会——做好卫生还是好做卫生?

针对早晨做卫生同学交作业和做卫生无法兼顾的情况,制定课代表先收做卫生同学的作业的制度;针对有的同学忘了自己当天做卫生的情况,制定了卫生委员督促及在黑板上写值日生名字的措施;表扬做卫生好的同学,形成统一标准,教学生如何又快又好地做卫生;针对擦前后门玻璃早晨比较占时间,改为中午由专人擦玻璃;表扬先进,指出做卫生不好的地方,用记录的照片说话,用事实说话,好坏形成鲜明对比;请做公共教室卫生的同学谈体会,主要是当天和一班同学比较的体会,形成做卫生追赶一班、超过一班的氛围。最后我总结发言,如下:

"同学们,以小见大,我们必须承认我们做卫生和一班同学存在差距,这种差距表面是卫生做得到位不到位,本质上是内心对自我要求有差距。一屋不扫何以扫天下?小事不成以何成大事?我们不能降低对自我的要求,能做到的、能做好的小事,必须做好。扫地擦地擦黑板,做卫生有规则,做不到达不到效果。任何事情都有规则,都有标准,达不到都不行。我们不是那个公共教室的卫生没做好,而是我们内心角角落落的灰尘没扫除干净,这种做事情'差不多得了'的思想阻碍了我们进步,如果我们不及时醒悟,角角落落的灰尘越积越多,会影响我们的身心健康。做事情努力做好,才能做到最好。卫生也是,学习也是。学习成绩摆在面前,我们必须承认我们和一班存在很大的差距,这种差距就好比做公共教室的卫生。我们做得不到位,等考试的时候,能够一目了然地分出胜负。据我了解,一班同学下课后又去把多余的桌椅整理了一下,好上加好。千万不要错误地以为,我的这种好是建立在比别人好的基础上,我的这种好应该是自我的一种修养,我们不仅要做好卫生,而且要好做卫生。努力吧同学们,我们不仅要做好教室卫生,也要做好内心的除尘,让自己通透敞亮,活出自己精彩的人生,老师相信大家会越来越好,有一个干干净净的奋斗人生。"

火山以主题班会的形式"爆发"了,层层递进。

没多久,卫生好起来了!

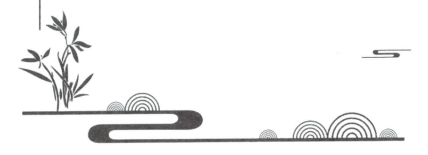

　　作者简介：崔苗苗，女，汉族，中共党员。
2010 年参加工作，所带班级被评为"校三好班
集体"，并连续两年获得"班级合唱一等奖"和
"足球联赛冠军"等称号。

内高石榴花开朵朵

崔苗苗

2018 年 8 月，我接到了学校委任的新疆维吾尔自治区内高集中班班主任工作，还记得当时自己是十分激动的，但伴随激动紧跟而来的是极大的慌张。慌张是因为这是我第一次担任班主任工作，而且是内高集中班，我深知责任巨大。内高班工作不是普通的教育教学工作，是一项重要的政治任务。教育的成败关乎民族团结、政治稳定和国家经济的发展。虽然，我没有过担任内高班班主任工作的经历，但我曾承担过多个集中班的科任老师。以往的教育经历让我清楚地知道这些学生是从新疆维吾尔自治区各地区、各民族选拔出来的佼佼者，文化背景、民族特点、教育环境、汉语言能力差异较大，且因长期离家异地求学，学生会有严重的精神压力，在学习、思想、生活等方面问题重重。如不能及时处理或处理不好，很可能带来无法估计的后果。对于毫无班主任工作经验的我来说，自接到任务那日起，我一直处于焦虑状态。

但焦虑无用，现实问题依然可能会随时出现。所以，既然已经清楚其中的一些问题，那就先准备多个解决方案，在实践中摸索体会。于是，假期我在网上查资料，向老班主任请教经验，真正让我踏实下来的是内高处主任们的指导，他们在班级规则制定、学生情绪疏导、民族团结融合等各方面都给予了我很多建议，让我更有信心胜任这份工作。

回想这一年多的教育工作，让我感触最深的是，要做好内高工作，得有三大法宝——爱、沟通、责任。陶行知先生说过："真的教育是心心相印的活动，唯独从心里发出来的，才能打到心的深处。"不论做什么，以心出发，这个"心"既需要情感也需要理性。有理性的情感才能将教育落到深处，留有痕迹。爱的教育，首先是发自肺腑地从生活的点点滴滴关注学生，关心学生，真心地把他们当成自己孩子般嘘寒问暖，从穿衣吃饭到身体情况，给予妈妈般的温暖。学生们在天津已经读了一年预科，基本已经适应了这里的学习生活，但是，离开了父母亲人，他们时常会觉得无助，特别是生病和遇到一些困难时，可能有时一个简单动作、一句话都会让他们情绪崩塌。所以,作为班主任既要成为学生们的心理支撑和情感依托,又得让他们在学校、在班级有归属感。当然,作为一家之长,还得有父爱般的严格管理。各项班级规章制度的制定和遵守,需要老师的严格管理和学生自我要求。班规是一个班纪律的保证,良好的纪律又是学习的保证。所以,"宽严有度"是我的爱。

　　有了情感支撑后我和学生们距离拉近很多,但是,这些生活上的关心并不能让我了解到他们小脑袋里到底在想什么。在一次优秀班主任经验交流会上,我学到了一招,那就是用周记交流。最开始学生们很不配合,用流水账应付了事。慢慢地他们感受到平日我对他们的关爱,有些学生愿意在周记中和我咨询一些身体不适或者疾病的困扰,这可能是因为他们在我的生物课堂上听到了很多疾病和生命现象的分析,觉得我略懂医学。我也给出了一些自己掌握的相对科学的解决办法,不能解决的我也帮孩子寻求帮助,问题基本解决了。后来,慢慢地,他们开始和我反映一些班中出现的问题,有的是某些科目课堂纪律问题、作业问题、班规和班干部各种问题。针对问题我及时做了调整,这对于班级管理有了很大的帮助。再后来,学生们开始和我分享一些小秘密,和朋友的问题、和家人的关系,还有自己的"情绪病",来自学习、生活、心理各种困扰、压力,还有各种负能量。每一篇我都做到认认真真批改,找出错别字、语法错误,给出评语,有的评语比周记内容还长。理工科出身的我十分不擅长文字,但我依旧努力想给孩子们最好的回应。

当然,有很多问题也是我从没思考过的,在解决过程中我读了很多书,在此过程中自己也得到了提升。在周记中我看到孩子们的另一面,看到了表面开心、无所谓的他们心中的压力和敏感脆弱,这也给我的工作带来了新的思路,我在处理问题时也可以尽量避免简单粗暴,进而找到解决问题的有效办法。比如,一个孩子他上课走神,作业没完成,和同学闹别扭,可能是因为接到爸妈的一个电话,而不是偷懒、脾气暴躁或不好相处。我通过周记和平日的细心观察,关注他们的心理变化和情绪波动,及时解决他们的困扰,缓解他们的压力,驱散负能量,让每个孩子都心中有光。

内高集中班班主任工作,是一个重要的政治任务,想要做好,必须有责任心。这个责任心不仅限于对学生负责,负责好他们的生活和学习,重要的是将责任传递,让他们成为责任的接班人。一定要对自己负责,对国家负责,对人民负责。习近平总书记说过青年人应"志当存高远",要教育他们将个人理想同国家前途、民族命运相结合。那样的责任感凭着单纯的文字教育太单薄，所以，我把责任蕴含在班级管理和各种各样的集体活动中，让他们切身体会。2018年的10月，学校开展了班班唱比赛，这虽不是班级参加的第一个大型集体活动（之前已开展了运动会和山海关实践活动），但这是第一次考验我们班级凝聚力的活动，所以我特别重视，把想法和班里的文艺委员苏麦亚同学进行了沟通，在众多曲目中我们选择《共青团员之歌》，慷慨激昂的旋律让人热血沸腾，让我们重温一代青年为祖国奔向战场时的勇敢与豪迈，一段历史留给后人的沉重和思考，使同学们能够更加珍视和平、珍惜今天生活来之不易。歌曲选好了接下来就是编排和练习，我给他们出了"填空题"，也就是在歌曲中要加入一些环节，如国旗班展示、集体手势表演，具体怎么答就要看他们群策群力了。孩子们纷纷出谋献策、反复研究，不厌其烦地一遍遍修改，细致到每一个手势、每一个表情，以至于每一个眼神同学们都力求完美。其间，我看到他们有过争执，有过探讨，有过欢笑，也有过热泪盈眶。情感就是在这样一次次的起伏波动中，紧紧相连。特别值得一提的是，我们还借来了学校国旗班的军装，这是很多学生羡慕已久的军装，当他们第一次穿上了军装，心中的自豪感和责任感油然而生。还有比这个更为生动的爱国主义教育吗？也正是这一曲点燃了他们为民族团结、国家伟大复兴而努力之梦,正如他们的口号一般"伟大复兴中国梦,起点就在内高班"。

最后,我们班以第一名胜出,每一个孩子脸上都洋溢着骄傲和自豪。我感慨于他们的优秀,他们让我们看到了新疆学子那颗爱国之心。我也骄傲,这份荣耀离不开他们每一个人辛勤的付出,是他们用自己的智慧和汗水摘得了桂冠,同时也将我们 39 颗心紧紧绑在一起。从此,他们不再是三五成群的小团体,而是九班大家庭,一个团结有爱、奋勇拼搏的家庭。

很多孩子说我给了他们爱和关怀,但我也常说,我才是真正被他们治愈的那个人,我被他们朴实善良和勇敢拼搏的心温暖,被鼓励着勇往直前,为践行民族团结、中华民族伟大复兴梦做出自己的贡献,不负青春、不辱使命,让石榴花遍开祖国大地。

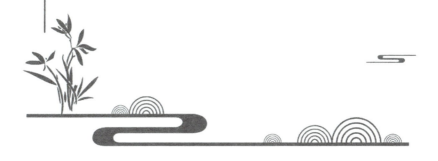

作者简介：杨坤，中学高级教师。天津市师德先进个人，天津市中小学优秀班主任，天津市中小学"学科领航教师培养工程"学员。

幸福的角度

杨　坤

我做班主任已经十八年了,我还要当班主任,我对学生还是这样的热情,我觉得这就是生活!生活怎么才能幸福?转变角度!

我在 2019 年接手了初三六班刘老师精心打造的优质班级,心中很忐忑,莽撞又不温柔的我替代了知性美丽的刘老师,不仅学生有落差,我自己都无法接受。我记得当时走进六班,就感到了不接受的氛围。班长刘现国以非常直接的方式给我下了"战书"。我指出同学的错误,刘现国说我没事找事;我让他写升旗讲稿,他说开学写过,拒绝再写。我尝试着抚摸一下他的头,他偏头躲开了。我确实有些挫败,我到了一个新的年级组,我要和新的同事磨合,还要跟这些小孩子们尽快融合在一起。我内心确实有些急躁。我理解刘现国，谁都不愿意换班主任，但是他是班长，不尽快取得他的信任，我将无法开展教育活动。于是，我采取"怀柔政策"，拉拢、迁就，可是换来的是他的不屑和拒绝，全班同学都在审视我们俩的互动，我知道这是他们给我出的一道考题，当然，如果能把握好，这是一道送分题。于是，我决定做我自己，我和刘现国正式开启了对着干的模式，其他学生都惊讶极了，杨老师竟然和刘现国对着干。一段时间后，后果出现了，评教评学中他给了我一个"差评"，他说我针对他，讽刺挖苦他。不过附加值是他连续考了两次年级第一，我知道他是憋着一口气，不让我有批评教育他的机会。

我想，反正学习上没有"动荡"，给我差评就差评吧。他有错的时候我该批评还是绝不姑息，当然该表扬的时候也绝不吝啬。再后来，有个女生偷偷找到我说："能压制住刘现国的老师出现了。嘿嘿。"其实换个角度看看，正因为刘现国不接受我，才更说明这个孩子感情专一，他喜欢刘老师，不接受我，说明这个孩子是个正直专一的孩子，如果有一天我能走进他的心灵，那他对我的接受也肯定是真心实意、毫不虚伪的。

角度很重要，变了审视的角度，我越来越喜欢这个孩子，该批评就毫不留情,该喜欢时真诚表达。慢慢地我发现有东西在微妙地变化。刘现国嘴太"碎"了,考试中,每考完一科都会给我慢慢细数他的收获和失误,说完后就又昂扬着斗志进入下一场。慢慢地,我发现他的头不仅能摸了,还能随意抓弄;慢慢地我发现他不再针对我了,也不用言语"刺激"我了。有一次,我惊讶地问他:"你最近怎么不反驳我了?"刘现国说:"您到底要怎样?反驳也不对,不反驳也不对。"整个班级的同学都哈哈大笑。

我慢慢地融进了六班,孩子们也渐渐接受了我。我外出学习,孩子们在班级记录本上伤感地写道:"一定是我们的臊气,把爱干净的杨老师熏跑了,她不要我们了……"(学生改编自一篇课外阅读的句子)

翻着班级记录本,我又想起一次上语文课,坐在第一排的刘现国一直把一盆水推来推去,不认真听讲。真讨厌啊,我的火气噌地就上来了,但是我忍了忍,为了继续讲课,我只是瞪了他一眼。然而不自觉的刘现国还是一如既往跟那盆水"奋斗"。我很不耐烦,停止讲课,批评的话都到嘴边了,我转了个角度,强忍着不耐,说:"孩子,水盆挡你的视线了吧?我给你挪开。"于是,我就把水盆挪到远离他的地方。其实,我心里还是很烦躁,甚至有些愤愤不平。下课后,他嬉皮笑脸地过来,问:"杨老师,您知道我为什么总挪水盆吗?"我在内心翻了个白眼,自作聪明地为他开脱说:"水盆挡着你的视线了?"他说:"不是。我怕您的优盘掉水里,昨天宿老师的优盘就掉水里了。"哎呀,当时我的心里真有一种突然花开的感觉。我真庆幸当时我那即将从嘴里冒出来的批评没有劈头盖脸地说出来,不然,我永远听不到孩子的真心话了。我特别想把这件事说出来,是因为想提醒自己和大家,"角度"——思考问题的角度很重要。有时孩子的举动我们不理解,甚至让我们很气愤时,其实他的出发点可能是善意的,是向我们示好,一旦我们误解了,批评过后,你将永远无法知道孩子的初衷,甚至有可能将孩子这种示好的心理磨灭掉。

在刘现国的教育上我付出过、感动过、也收获过。以至于后来,有一次,我放学后请家长谈话谈到晚上临近七点,刘现国还和我们班另外几个同学一起在教室陪着我的女儿,后来我发现时,刘现国背着书包一边走一边不以为意地说:"之所以留下是因为我们觉得她自己待着可能害怕。"这个贴心的孩子啊!一年来,我从不认为在他身上额外地付出是一种奉献,是一种功德。我觉得这就是我们师生情分自然发展的一种恰到好处的状态——彼此的付出都认为是一种自然。

真的,角度对了就是幸福。不只教育,万事不都是如此吗？幸福是一种角度。

何其有幸，今世我们拥有彼此，无可取代。谢谢你们，今生愿意做我的学生。

作者简介：张骥，北华大学汉语言文学专业毕业，教育硕士，中学高级教师。其秉承"立德树人"理念，持续关注学生心理健康教育。

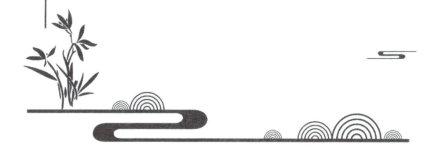

我的教育故事

——帮助内高学生克服自卑心理

张　骥

2011 年 11 月,深秋,天已转凉。教室外飘着蒙蒙细雨,树下一个身影引起了我的注意。她是从新疆维吾尔自治区到天津求学的学生,靠在教室外老槐树下,泪水和雨水已模糊了她的双眼,而她的脚下,竟穿着一双凉鞋。

作为科任教师的我,十多年教学中还是第一次看到这样的状况。雨越下越大,我顾不得那么多,第一时间出现在她的面前。经过一番耐心地询问,我了解到,这个孩子在上内高班之前在和田当地非常优秀,掌声、羡慕的目光一直伴随着她的学习生活,可是到了天津,发现自己语言不过关,上课时跟不上老师的节奏,听得不是很明白,刚刚月考成绩下来了,班级倒数。巨大的落差让孩子在一时间很难接受,很伤心,很难过。另外,刚刚和家里人通了电话,听说母亲生病了,而自己又远在万里之外,非常担心母亲的身体。这真是屋漏偏逢连夜雨。孩子的境遇深深触动了我,我能为这个孩子做些什么呢?除了安慰,我当时真的有些手足无措。

那天晚上,我失眠了。我一边听着雨水滴落的声音,一边思考着怎么才能改变这种现状。终于,天亮了,我也有了自己的想法。

课间,我把那位学生请进了我的办公室,拿出了我女儿识字时带拼音的读本,逐字去教。我的想法很简单,语言首先要过关,才能听懂课上老师讲的,才能与老师进行常规交流。就这样,简单的事情每天都在重复着,不到一个月的时间,她的普通话水平有了明显的进步,孩子脸上逐渐露出了笑容。另外,我从别的同学那里得知,她家里十分贫困,每个月就靠低保生活。为了不伤孩子的自尊心,我从家里带来了九成新的棉鞋、棉服,告诉孩子,这些鞋子、衣服都不是新的,都洗过了,如果不嫌弃的话,可以试试。孩子一开始还不好意思,在组里老师的帮助下,孩子还是试穿了一下,老师们都说“真合身,简直就像为你定做的一样”,孩子乐了,笑容是那样的灿烂。窗外,一束阳光透过窗子照了进来,映在孩子的笑脸上。

　　这样的问题不是某个内高生身上才存在的,这是一种普遍现象。针对这种情况,我潜心钻研心理学,并为内高学生量身定做了一节课"不要被自卑打倒",没想到,学生对这节心理健康课十分喜欢,在课上踊跃发言,潜藏在内心深处的自卑逐渐消失了,学生们变得开朗了、爱笑了,变得愿意和老师交流。看着学生们的变化,我终于长舒了一口气。

　　做一件好事不难,难的是长期坚持做下去。作为教育工作者,立德树人才是根本。教育不是死循环,需要我们不断注入活的水流。经过我们的悉心浇灌,教育之树才能常青,藤蔓上才能结出更多的果实。

　　作者简介：吕晋红，一级教师，从教 8 年，担任班主任 4 年，备课组长 3 年，年级组长 1 年，带的班曾被评为区级三好班集体。"向阳花是我最喜欢的花，因为它向往光明，象征着健康、快乐、活力，追求积极的人生，永远有积极的心态。"

成为幸福的向阳花

吕晋红

　　幸福来源于人的一种主观感受,是对生活的一种体验。俄国著名教育学家乌申斯基曾经说过:"教育的主要目的是使学生获得幸福。"我希望通过我的教育教学,我的学生也能获得幸福。

一、"私人定制"英文名

　　我会在学期初让每个学生给自己选一个英文名,有的是自己起的,有的不知道怎么选,我就为他们"私人定制"英文名。

　　班里有一个男生,胆小,不爱说话,说话声音超小,做什么事情都慢得要命,我给他起的英文名是 Dick(迪克),名字的含义是勇敢、胆大、勇往直前,当时我告诉了他名字的含义和我对他的期望。他原来上讲台来交作业或默写条,拿着默写条站着,也不说话,我鼓励他,并告诉他,不说话老师不知道你要干什么,经过几次鼓励和锻炼,他开始可以主动和老师沟通了。原来上课回答问题老师根本听不见他说什么,后来他上课回答问题,我站讲台上可以很清楚地听到他说的话,我欣喜地发现 Dick 比原来成长了很多。

有一个女生 A,家庭比较特殊,在她刚上小学时爸爸出了事故,成了植物人,妈妈撑起了整个家,妈妈除了照顾爸爸,为了供这个孩子上学,在外面一直打好几份工。爸爸出事后,原本活泼开朗的孩子,一下子变得不爱说话了,除了妈妈和爸爸,这个孩子几乎不和其他人交流,性格变得特别孤僻,妈妈特别担心孩子。孩子的妈妈私下和我沟通了好几次,我觉得我应该做些什么来帮帮这个不幸的孩子,当时正好这个孩子不知道取什么英文名好,我给她取了个英文名叫 Joy(乔伊),它的含义是快乐和幸福。我告诉孩子这个名字的含义,并告诉孩子,班集体是她的另一个家,家里人都希望她快乐。在之后的学习生活中我经常鼓励班里的同学关心她、爱护她。

由于这个孩子不喜欢和同学主动交流,我就让特别爱说话的另一个女生 B 坐在她的旁边,把 A 和 B 安排坐在一起之后,我经常鼓励 B 多和 A 说话,慢慢地我发现 A 爱说话了,也开朗了很多,而 B 虽然还是会经常无意识地说话,但是自控能力比原来好多了。两个孩子互相影响,都向着更好的方向成长。

二、抓住每个教育时机

我会尽量抓住每一次教育学生的"时机"对学生进行思想教育,开展班级管理,几乎每次都会收到事半功倍的效果,产生良好的"时机效应"。

学生 C 各方面表现都不是很好,天天就像和谁赌气似的,作业不写,上课说话。经过和家长的沟通了解到,C 来自再婚家庭,孩子对他父亲再婚很有意见。孩子在学校表现不好和他的家庭现状有很大关系,我觉得很有必要找机会对这个孩子进行开导。有一次 C 作业又没写,任课老师让他来我的办公室补作业。当时正好我新买的鞋把脚后跟磨破了,我正在贴创可贴。我想现在正是个很好的时机,便问他:"你觉得这双鞋子漂亮吗?"他回答:"很漂亮!"我告诉他虽然看着漂亮,但是我穿着一点都不舒服。这和他的父母在一起生活是一样的道理,你希望他们在一起,表面上看是一个完整的家,其实他们在一起一点都不幸福,与其这样不如分开,各自以各自认为舒服的方式生活更好,即使他们分开了,但是他们永远都是爱你的爸爸妈妈,这一点永远都不会变。通过半个多小时不断地给孩子讲道理,孩子慢慢地接受了这个现实。之后各方面表现都比原来好了很多。

班里有个男生的英文名字叫 Tony(托尼),因长得黑而特别自卑,每次英文课文中涉及 Tony(托尼)或平时只要涉及"黑"这个词,孩子们总拿他开善意的玩笑。每当这个时候我就告诉大家,每个人都不是十全十美的,每个人都有自己的特点,不要因为自己的与众不同而沮丧。多次引导下,我高兴地发现孩子开朗了很多。

三、充分利用每日金句

每天英语课的前五分钟是固定的 Everyday English(每日金句)时间。我精心挑选了一些非常好的英文句子,然后每天和学生们分享一句,充分利用这些金句对学生进行幸福教育,同时讲解和拓展金句里涉及的知识点、好的词汇、短语和句式,为大家写作文积累素材。学生们都非常感兴趣,学习金句的热情很高。

通过细致观察大家上课时的表现,我发现学生 D 有段时间对周围的人和事物都提不起兴趣,每天没精打采,消极厌世。那段时间 D 上课听课效率低下,回家写作业的质和量都不能保证,学习成绩一落千丈。我意识到问题的严重性,决定找他谈一谈。在谈话中我贯穿了最近课上学习的金句：

Happiness is largely a choice. Feel gratitude for all of the good in your life. (快乐很大程度上是一种选择，为你生命中所拥有的美好心怀感激吧!)

It is our choices that show us what we truly are, far more than our abilities. (决定我们一生的,不是我们的能力,而是我们的选择。)

Being happy is not having everything in your life be perfect. Maybe it is about stringing together all the little things. (幸福不意味着万事完美,而是要把微不足道的小幸福串联起来。)

D明白了选择很重要,要选择积极地面对学习生活,对身边的人和事每时每刻都要心怀感恩之心。生活中每一个小幸福都会随着时间滋养着我们,一个一个的小幸福串联起来就是幸福感。

The primary purpose of education is not to teach you to earn your bread, but to make every mouthful sweeter. (教育的主要目的不是教你如何谋生,而是使每个人生活得更香甜。)

D明白了我作为老师不仅仅关心他的学习成绩,更关心的是他能否拥有感知幸福的能力，能否生活得更幸福。

The secret to happiness in this world is not only to be useful, but to be forever elevating one's uses. (世上幸福的秘诀不是仅仅变得有用，而是永远提升自己的价值。)

Success is not overnight. It is when every day you get a little better than the day before. It all adds up. (成功绝非一蹴而就，成功是每一天你都变得比前一天更好，积少成多。)

D明白了幸福和快乐不仅仅是个人的选择，更是为了自己的美好明天的努力拼搏，作为学生要想提升自己价值的唯一方式就是好好学习，因为升值最高效的方式就是不断地学习。我们不能一直待在舒适区停滞不前，舒适区很舒服，但是没有长进，梦想很美好，但需要拼搏，夹缝中正是生活存在的地方，处于夹缝中才会有更多可能，我们才能真正了解自己，找到一个全新且精彩的自己。

……

经过两个小时的谈心，D被这些金句深深触动了，急切希望改变现状，我们一起制定了下一阶段的学习计划，看到D又重新燃起了对学习生活的热情，我很欣慰。

在教育教学工作中我会不断地捕捉学生的闪光点，因势利导。金无足赤，人无完人，再好的学生难免也有不足之处，再差的学生身上也有自己的优点,我一直坚信只要老师能及时捕捉学生的闪光点,因势利导,使他们产生积极的情感,就能以点带面最大限度地促使学生全面进步。对于一名学生来说,考试成绩固然重要,但是我认为一个完整的人格对于一个孩子的将来更为重要。

正如许国璋老先生所说:"我教学生从来不以教会几句英语或教会一种本事为目标,而是教会怎样做人。英语教育是用英语来学习文化,认识世界,培养心智,而不是英语教学。"我们学校的办学特色正是"幸福教育",所以我真心希望我教过的每一个孩子都能有很好的感知幸福的能力和克服学习生活中困难的能力。希望孩子们能成为幸福的向阳花,向阳花之所以幸福是因为时刻都微笑着面对阳光,用心收集阳光,带着积极的心态努力成长。希望初中的三年能成为孩子们人生中最幸福的时光。

　　作者简介:王晨,音乐教师。指导合唱团连续多年获市区文艺展演合唱一等奖,并曾获全国第三届、第六届中小学生艺术展演一等奖、"国际青少年合唱节"金奖。

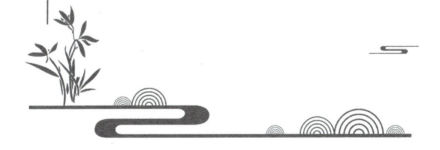

音乐育人的力量

王　晨

　　音乐是一门艺术，更是一种精神的体现。音乐能体现出一个人，一个集体，更甚于一个国家精神的力量。尼采曾说："如果没有音乐，生活就是一个错误。音乐不仅能够在人们之间传递友爱，有时能强大到改变我们的人生。"在委内瑞拉，为了让孩子远离毒品和犯罪，阿布瑞发起了"音乐拯救计划"，让贫困孩子学习音乐，让孩子从音乐中感受生活的美好，从而改变他们的人生。

　　相信很多人都看过电影《放牛班的春天》，影片中的学生大部分都是一些顽皮的儿童，而性格沉静的克莱门特教师尝试用音乐打开学生们封闭的心灵，同时更改变了他们灰暗的人生。我们学校的合唱团里有一位学生，曾经上课时不是说话就是睡觉,课堂捣乱有他,成绩倒数也有他,他在班级里是个十足的"捣蛋鬼"。但在一次课堂学生表演时,我发现他的嗓音属于非常罕见的男低音,音准和乐感都非常好,本人又很热爱演唱,热衷表现自我。我心里既激动又犹豫,激动是因为找到了一个非常理想的男低音嗓音,犹豫是怕招他进合唱团影响其他学生,纪律得不到保证,可不招又觉得甚为可惜,我决定和他谈谈。在交流中,我对他在音乐方面上的优势与纪律学习上的劣势进行分析,就如何改变提出了建议;他也对自己能加入合唱团有着浓厚的兴趣,并对自身优势得到大家的认可颇为高兴,非常乐意能够参与其中。但为了合唱团整体的纪律和发展,我对他提出了一经违反绝不姑息的纪律声明,并且委派他为男低音的副声部长,他也颇为痛快地答应了。在接下来的合唱训练中,为了将这名学生音乐方面的优势最大化,我一边鼓励他在学校班集合唱比赛中贡献力量,一边根据他的嗓音为他精心准备了练习曲目和演唱曲目,他在天津市文艺展演个人项目中发挥自身优势,取得了非常优异的成绩。我要求他在合唱排练期间严格要求自己,以身作则,不仅要自己唱好,更要协助声部长管理训练本声部。通过一段时间的观察,我看到了一个学生的进步、转变,乃至于飞跃。在排练期间,他每次都是第一个来到教室,认真地记录老师讲授的乐谱重难点,严格按照歌唱方法演绎作品。作为声部长,他积极组织本声部排练,帮老师派发演出服装,改掉了坏脾气,逐渐能够和其他同学和谐相处。在课堂中,他渐渐开始能够静下心来读书;在课下,他能够与老师打招呼,和同学们开心地说笑。他的班主任和我交流体会时说道:"合唱让这个孩子懂得了规矩,学会了自律。现在可以从他的目光中读到认真、友爱、热爱、开心,一首练声曲、一条视唱练习,一首合唱歌曲,一步一步走来,他从音乐中挥别了过去,找到了自己,他明白是音乐给予了他肯定,开启了不一样的彩色的明天。"我在此也深深体会到,合唱教会学生的不仅仅是几首歌曲,更要将合唱所表现出的奉献、坚持、认真、专注的精神融入心中,传递下去。

陶行知先生曾经说过:"你的教鞭下有瓦特,你的冷眼里有牛顿,你得讥笑里有爱迪生。"这番话字重千斤,道出了教育的真谛。作为教师我们不能总以分数论好坏,戴着"有色眼镜"看孩子,只盯着成绩好的学生,而抹杀了在某些方面有特长、有天赋的学生,一个个天才可能就在我们的漠视中被埋没了。我们要以谨慎的态度对待每个孩子的优缺点,要善于发现每一位学生的禀赋、兴趣、爱好和特长,并为他们的表现和发展提供充分的条件和正确引导,我们要时刻创造各种各样的机会给每位孩子,给他们施展才艺、技能的空间,给他们发展自我优势的时间,给他们表现自身特长的机会。

为了学生能够更加健康、快乐、自信地成长,我校在开齐、开足艺术课程的基础上,还积极探索,不断创新,开设了"指尖上的芭蕾"电钢琴课程,它是结合现代科学技术成果而进行的新型教育活动模式,不仅可以有效地激发学生学习的兴趣,培养学生健康的审美情趣,训练学生综合应用能力,更能让孩子们在学习的同时收获快乐和自信。

在电钢琴课中有几位来自新疆维吾尔自治区的学生,第一次来到课堂时他们都显得有些紧张、害羞,其中有名学生对我说,她的家乡很偏僻,生活并不富裕,以前根本没有见过电钢琴。为了缓解孩子们的自卑,我首先为他们弹奏一首新疆歌曲,听到来自家乡的音乐,他们的心情变得放松了。在接下来的学习中,我和他们一起打击新疆音乐中所特有的节奏,或为他们演唱的歌曲伴奏,循序渐进,欢乐地将电钢琴与充满地域特色新疆音乐紧密联系,几位学生看到自己也能够演奏家乡的音乐,内心无比兴奋,在与我交流中,学生说道:"之前以为弹奏钢琴对于我来说遥不可及,根本没有学会的信心,但是通过与民族风格相结合的教学,现在我不仅真的能够弹奏几首乐曲,更增添了自信心,知道了只要努力认真,我一定也能行。虽然有时候想念家乡,想念父母,但是觉得自己能来到这里上学特别幸福。"是音乐让学生们学到了丰富有趣的知识,激发了他们无限的潜能,更让他们懂得了从小事中体会幸福,懂得感恩生活。

　　音乐是那么简单,每一个热爱音乐的人都能感受音乐的真谛;音乐是那么神圣,神圣不在于音乐的高雅,而是能够给予人震撼与力量。

作者简介：刘金盼，二级教师，从教 11 年，担任班主任 7 年，年级组长 1 年。工作期间，曾获全国初中英语课堂教学优秀展评一等奖，撰写多篇论文，多次做课，分获市区奖项，参与研究市级课题，并多次指导学生参加英语演讲比赛并获奖。

班班唱活动有感

刘金盼

　　时隔六年再当班主任,这对我来说是个不小的挑战。上岗后迎接我的第一个集体活动就是班班唱比赛。说实话,从内心来讲,我是抵触的。可当我告知孩子们要参加班班唱比赛时,孩子们激动的心情溢于言表,信誓旦旦地表示一定要唱好。于是,孩子们选择了歌曲《我爱你中国》,献礼中华人民共和国成立七十周年。

　　这次的活动,从最初着手准备到最后登台演出,让我真切地感受到了学生的无限潜力:钢琴王子韩永康在家里一遍遍录制钢琴伴奏;非洲鼓鼓手李一鸣每次练习完后手都拍得通红;小个子秦乾晟每次都要踩在凳子上给大家指挥;幻灯片制作者刘智文连夜从若干相片中精心挑选素材;班长杨雅洁亲手绘制有"我爱你中国"字样的独特班服;吕浠瑶更是把自己家里的电子琴搬到学校供大家练习使用,每个孩子都在用自己的方式为比赛贡献自己的力量。家长们更是热情高涨——帮忙购买班服、道具等。演出前主动来给孩子们化妆的家长忙得连午饭都没吃。最让我感动的是,在我们去演出后,家长们还默默地把教室的卫生打扫了一遍,用实际行动支持着学校工作,也给孩子们做出了榜样。音乐老师王露萍更是一遍遍不厌其烦地进行专业指导。他们的认真慢慢地改变了我对这件事的看法:与其把它当作一项任务,不如借此机会,培养孩子们的爱国情怀和班级团体意识,锻炼孩子们不怕苦、不怕累、坚持到底的品质。每次练歌时,看着孩子们笔直站立,手舞国旗,高唱着"我爱你中国"的时候,我也被深深地震撼着。青春就是这么有感染力,爱国情怀就应该这么唱出来。时间过得很快,转眼就到了展示的时刻了。站在操场上候场的时候,孩子们还在练习挥舞旗子的动作,还有的同学怕忘词,居然把口号写在手背上。我叮嘱他们不要紧张,可内心真的比他们还要紧张。轮到我们班展示的时候,孩子们个个精神饱满,洋溢着青春的气息,高亢嘹亮的歌声荡漾在整个校园内。那一刻,我感受到了作为班主任的幸福、骄傲和自豪。既幸运又意外的是,孩子们在年级合唱中脱颖而出,被安排在全市专家老师面前展示,这下可给孩子们高兴坏了。大家训练的劲头更足了,但同时要求也更高了。训练时间最长的一次大家练习了两个小时没有休息,没有一个同学喊苦叫累。其间,也让我真切体会到了音乐老师的辛苦和对专业的一丝不苟、精益求精。功夫不负有心人,在同学们的刻苦训练和音乐老师的耐心指导下,最后的演出非常成功,全程观众鼓掌三次,得到了专家和领导的一致认可,有的家长甚至在观看视频后一度潸然泪下,被孩子们的歌声和活力打动,感叹孩子们的优异表现,更感叹孩子们用歌声表达出了对祖国母亲最真挚和最深沉的爱。

这难道不是最好的爱国教育吗?正因为同学们对祖国饱含感情,歌声才能感动听众;正因为同学们刻苦练习,才能取得好的成绩,这远比老师在教室反复讲道理真切得多。与此同时,孩子们、家长们身上的认真和迸发出的激情、力量也在感染和改变着我,让我和孩子们共同成长!

作者简介：臧丽萍，从教十余载，行走在生命化教育之路，愿为每一个与众不同的生命创造有阳光、有营养、有温度的环境，愿其健康自由向上生长，成就属于自己的精彩！

风雨带班路　且行且成长

臧丽萍

工作伊始，几乎所有人包括我自己都认为我不适合担任班主任——情商低，不会处理人际关系，虽然长得慈眉善目的，说话不温不火的，但心慈手软带不了"兵"。迄今为止，带了四年多的"兵"，却也渐渐地收拢了孩子们的心，虽有些惶惶，却悟出不过是"一片冰心在玉壶"。

中途接班，"亲娘换成后娘"，必然让学生在情感上产生抗拒和隔阂，再遇到某些学生用挑剔的眼光看你，种种难题摆在面前，让人彷徨无措。抱怨焦虑无用，积极应对，终觉得一切的关系，付出与真诚就是王道。

不会就学。不打无准备之仗，如同备课一样。在假期阅读大量的班主任管理经验和教育案例是非常必要的，他山之石可以攻玉。班主任工作也是一点一点学习来的,能教学就能带班,我暂时带着点阿Q精神安慰自己。

都说第一次亮相很重要。新旧班主任的对比,能带给所有孩子最直接的心理感受。我提前准备好发言稿,像一个战战兢兢的学生一样,把发言稿背得滚瓜烂熟,先用假象"蒙蔽"一下他们,好歹能让他们感觉我是位经验丰富的班主任,说出来的话既能让学生感到亲切又不失严厉。自我介绍从姓氏入手:"诸葛亮《出师表》中有云:'陟罚臧否,不宜异同。'奖罚分明,公平公正也是我带班所遵循的原则,我不会戴有色眼镜看人,凡事对事不对人。"这其实就是给学生吃了一颗定心丸,我不偏不倚,所有的管理,不患寡而患不均。在日后的教学管理中,我确实也能够履行我的诺言。成绩好的犯错误照批评不误,成绩差的抓住闪光点后大力表扬,不因人而异。

根据与之前班主任沟通了解的情况,我有的放矢地表达态度和立场,提出自己的要求和期望。擒贼先擒王,攻人先攻心。我迅速召开班干部会议,先肯定各位班干部都是品学兼优、领导能力强、执行能力强的好学生,告诉他们目前首要工作是保证稳定,协助班主任做好工作,同时了解班干部心理、成绩、特点,了解原班主任的工作布置体系,了解班级里出现的问题,了解班里具体哪些学生喜欢唱反调,等等。而班干部必然想在新班主任面前表现一番。

我第一次接手的班成绩不太好,主科成绩科科倒数第一,虽然纪律还是比较稳定,但是上课死气沉沉。抓住这一软肋,第一次见面我就鼓励孩子们大胆地表达自己,表扬了班级的优点,指出班级的劣势。当然我把任课老师对本班的看法以及本班的成绩也如实相告,告诉他们初二六班已经处于谷底,所以没有退路,而只要往上走就是进步。之后的每一次班会课我都利用好了,各种励志的片子播放给他们看,各种励志的话语说给他们听。不断地去鼓励,持续地去鼓励,让他们不能有松懈。而事实上他们确实一直在进步,一个学期以后,他们的总体成绩排到了第三名,出乎所有人的意料。我知道可爱的孩子们确确实实付出了,老师们也给予他们充分的信任和尊重,所以收获理所应当。

第二次中途接班,是2016届华英初一,开学后的两个月通知我接任二班班主任,没有任何准备,我突然站在讲台前,面对的是一个个抽泣的孩子。这是一群综合素质都非常高的好孩子,他们非常依恋之前的班主任刘老师,而我也深知自己跟刘老师的差距。看着满脸泪水的孩子,我在感动之余底气不足,不得不面对这样一个现实,孩子们也必须接受这样一个现实,这是人生的必修课。我还记得当时即兴发挥所说的大概内容:"孩子们,你们今天哭,老师看着很难过,但是也很高兴,因为你们有情有义。作为生物老师,我深知'稳态'对于发展的重要性。学校不在万不得已的时候是不会随意更换班主任和任课教师的。所以这一点希望同学们理解。年年岁岁花相似,岁岁年年人不同。这句话大家在以后的生活和工作中会理解,我想慢慢地随着大家年龄的增长,会对这句话有更深刻的理解。这是大家人生的必修课。我们都已经慢慢地适应了环境,所以环境的改变是生活给我们出的一个难题。但是从生物学的角度来讲,没有变化就没有进化,环境的改变是促使生物进化的直接原因。我们所要做的就是调整自己,适应环境,心态平和、心无旁骛、有条不紊地去学习,维持整个班级的相对'稳态'。"也许是情感的共鸣,我能够感受到那份接纳,对此我很感激也很感恩。

都说"亲其师,信其道",反过来讲也同样成立。学生正是因为喜欢上你的课,才会喜欢你。上课时的生动幽默、严谨透彻会深深地吸引孩子们。我深知,课堂是最好的形象展示机会。课前下大力气去备课,如何让大家爱听又爱学,孩子们能在欢乐中获得知识,爱上生物,喜欢上生物课。"学科尊严只能靠教师以自己出色的专业能力和教学水平去争取。"所以我时刻提醒自己做一个经得起考验的教师，无论学生如何刁难、如何审视，都能够对答如流。"路漫漫其修远兮，吾将上下而求索。"

其实学生是非常容易满足的，只要愿意为他们付出时间、付出精力、付出感情、付出关爱，他们都能够感受得到。中午吃饭时，好多孩子都不好意思或者嫌麻烦去楼道的汤桶里盛汤，除了从生物学角度给他们解释喝汤的好处，我还专门买了一个盛汤的大杯子，提前给他们盛过来，挨个倒上一碗浓浓的汤。暖暖的胃，自然能体现深深的爱。许多这样的小事，缩短了磨合期，串成点滴的幸福，慢慢让我们有了感情的基础。孩子们看我的眼神里也充满了信任和喜欢。我带了他们一年之后再换班主任，听说他们也哭了，孩子们正在改变着并且变得越来越好，我就知足了。

如今回想起来，虽步履艰难，破冰不易，但也倍感温暖，感谢这些让我成长的机会。

当我终于可以从高一接班，亲手种下一颗种子，看着种子从播种到发芽，从成长到收获，体会教育的成就感，我又被迫"转战"了，高二、高三几次重新分班，一种结束是另一个开始，这就是生活，这就是工作。

作者简介：冯天舒，满族，2006 年参加工作，至今担任班主任 10 年。"教育就好比是耕种，而我耕种的是学生的心田。播种、浇水、施肥、收获……日复一日，年复一年，而我，乐此不疲。"

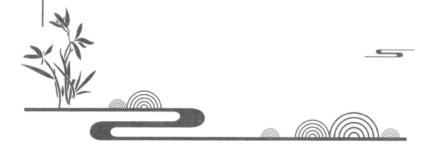

有效的沟通才是班主任的制胜法宝

冯天舒

　　教育学生不是一朝一夕的事,而是一项长期的工作,这就需要教师有足够的耐心,在平时的工作中细心观察,发现学生的问题,坦诚地和他交流,帮助学生解决学习和成长的烦恼。要想与学生很好地沟通,教师必须要有意识地改变与学生沟通的方式与方法,不断学习,加强修养,时时提醒自己,以心换心,用感动、用真诚、用高尚和学生沟通。

　　第一:学会了解学生。

　　课上发现一位女生看课外书,下课后我把她叫到办公室,结果她态度冷漠地说道:"我看课外书被你看到了,书你也没收了,我还有什么好解释的?"当时我很生气,正准备开口批评她,却见她毫不回避地正视我,有一种视死如归的感觉。如此叛逆的学生我还是第一次遇到,我断定这种叛逆不会是一时间形成的,或许我应该先了解一下她的个人情况,此刻最重要的就是冷静。我缓了缓语气,让她再回去好好想想,想想一直以来老师有没有忽视她(她的成绩不是很理想),想想老师为什么要阻止她看课外书,想想刚才自己的语气和态度。之后我马上到她班主任那里做了了解,这才得知:她小时候一直很乖巧,成绩优异,但从初三开始,变得异常叛逆,从不和父母交流沟通,经常和父母顶嘴,就连班主任都不放在眼里。随后我又去同年级的老教师那里请教了处理此类问题的方法和经验,老教师给了我很大的帮助。这位同学再来找我的时候,还是不肯承认错误。我耐心地同她一起分析了利弊,让她明确了老师的做法是为她的学业着想,是为其将来着想。我还询问了她在家时如何同父母交流,并站在她父母的角度上告诉她养育子女的苦衷。沉默了许久,她终于开口承认了错误,并同我说了许多交心的话。谈话在和谐的气氛中结束。之后的时间里,她的精神面貌和听课状态明显好转,学习成绩稳步提高。

通过上面的案例不难看出,了解学生是师生沟通的首要条件。了解学生方能深刻理解学生,在互相理解的基础上,才能达到心理上的共鸣。这也是老师的本职。我们老师要了解学生的家庭、性格、学习成绩、兴趣爱好等,只有这样才能使谈话达到要求。工作中要多问,应问问学生有什么新的打算,是否适应新班级和新环境,学习上是否跟得上,他们的兴趣与爱好,等等,在与家长接触中要经常询问其子女在家里的生活、学习习惯、性格特点、家庭教育等,还要主动向班主任了解,以求更深入地了解每位同学各个方面的情况,掌握他们的思想动态和存在问题。如为谈话顺利开展,教师可采取"投其所好"的沟通策略,找到学生感兴趣的内容。为了防止在谈话过程无意识触及伤害学生的话题,例如家庭的变故、学生的一些缺陷等,所以我们必须了解学生。

第二:放下架子,平等对待。

我在课堂提问的过程中发现一位男生在交头接耳,我大声将其叫起:"你干什么呢?把刚才的问题重复一遍。"出乎我意料,他将头撇到一边,闭口不答。下课后,我把他叫到办公室,让他把课上发生的事情解释一下,但他还是一副很酷的样子,不予理睬。我沉思了一会,说道:"我能看出你是个有个性的孩子,或许你有你的理由。我们年龄相仿,现在你可以把我看作你的朋友或者是你的同学,不必有顾虑,说说你的想法。"他见我这样便开口说道:"我不是没有认真听讲,是你问的问题太简单了,我会了,就和同桌说了会话。"我笑了,说道:"很好,那如果我是一名成绩不如你的同学,虚心向你请教,你能回答我吗?"他得意笑了,马上为我"解答"。待他发挥完毕,我笑着说:"很遗憾,你答错了,应该是这样的……"他羞愧地低下了头,我安慰他说:"没关系,下次不管会不会一定要认真听,多听听老师的思路和方法,我想这会使你从中受益!"他不好意思地点了点头。之后我们谈了许多,我了解到他的性格、爱好、特长……

沟通需要真正平等的空间,即创造没有任何干扰的沟通氛围和条件。作为老师,首先要把自己放在与学生同等的地位上,其次还要平等地对待每一个学生。爱优生并不难,难的是爱"学困生",尤其是爱"双困生"。老师热爱教育,热爱学校,也要热爱学校中的每一位学生,对待学生不能因为他的学习成绩好而亲之爱之,也不能因为他的成绩不好、行为不端而厌之恶之,而应是一视同仁,平等对待。著名的教育家陶行知先生曾对教师说过一句名言:"你的教鞭下有瓦特,你的冷眼里有牛顿,你的讥笑中有爱迪生。"这句话告诉我们,不能把"学困生"看"死"了,随着年龄的增长,环境的变化,工作方法的改进,他们也会发展变化,即使不成为瓦特、牛顿、爱迪生,也要把他们塑造成一个对社会有益的人。

第三：专心倾听，耐心开导。

期中考试结束后，我收到一封神秘的来信，拆开来看才知道这封信来自班上成绩最好的女生。信的篇幅很长，其中提到，她这次考试成绩很不理想（其实成绩还可以，只是以她的实力可以考得更好），一直以来她很喜欢物理这门学科，每天大部分时间都来学物理，她很喜欢上物理课，这次没考好感觉很自责，很对不起老师……几天后我把她叫来谈话，我专心听她说了很多心里话，在倾听中我了解到，这是个很懂事的孩子，有远大的理想和抱负，什么事都喜欢追求完美，尽力做到最好，所以面对挫折她有些难以接受。另外她的思想较同龄人成熟，因此一些想法和做法不被周围人接受，最让她苦恼的是她感觉这样的成绩很对不起老师……面对这样一位学生，说实话，我很感动，我完全放下了老师架子，耐心地开导她："既然有梦想就要努力去实现，然而成长的路上难免会遇到挫折，追求完美是好事，然而世上没有绝对完美的事物，一颗成熟的心会在遇到挫折时依然选择坚强。"接下来，我和她讲述了许多我的成长故事，希望对她有所帮助。最后我告诉她："一次失败不代表什么，你并没有对不起老师，老师以你为荣，你是老师的骄傲。"开导的效果是明显的，之后的时间里，她重拾了信心，以更高热情投入到生活和学习中。

如果学生向你倾诉,你一定要专心倾听。哪怕一个牢骚满腹、怨气冲天,甚至非常不容易对付的人,在一个有耐心、同情心的倾听者面前,常常会被"软化"而变得通情达理。不管面对一个多么令人冲动或愤怒的场面,只要你积极地倾听,整个气氛便会缓和。愤怒或冲动的学生在自由地表达了自己受压抑的感情后,心理压力能够得到一定程度地减轻,而且通过你的认真倾听,学生觉得自己的问题已经引起班主任老师重视和理解,于是精神得到支持和鼓励。在这种情况下,解决任何问题都有了良好的开端。

第四:学会运用幽默。

恩格斯说过,"幽默是具有智慧、教养和道德上的优越的表现"。我们成年人尚且喜欢同风趣的人打交道,学生更是如此,所以我们在教学时,不妨幽默一下,缓和紧张的课堂气氛。有一次,一个学生用手不停地在桌子上敲,我见机行事,马上问其他学生:"谁在敲门?"全班的目光都集中到那位同学身上。我笑着对他说:"既然已经进来了,就不用再敲门了,好不好?"他笑着低下了头,课堂教学的进程也没有受到多大影响。这样的批评,点而不破,学生常常很容易接受。

以上是我的几个教育故事,也是我的一些总结和体会。

在教书育人的道路上还有许多值得学习和思考的地方。我愿借新课改的春风,在教育改革的浪潮中乘风破浪,激流勇进。"人可以平凡,但不能平庸",只要我们永远充满激情,不断创新,那么师生关系才能更加和谐,我们才能真正成为学生的人生导师。

　　作者简介：秦茂娜，毕业于西南大学，从教12年，曾在苏格兰孔子学院工作4年，现担任初三年级班主任。

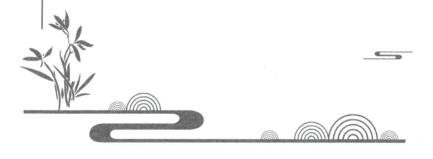

打造学生的"积极"心理 创建良好的班级文化

秦茂娜

　　早在 1996 年，心理学家 Selegman 担任美国心理学会主席时，大力提倡积极心理学，由此西方心理学界掀起了一场声势浩大的"积极"运动，"积极"这一概念逐渐在心理学界得到了明确界定。积极教育（Positive Education）是 20 世纪末在美国发起的、蔓延西方的一场教育运动。随着中国社会的不断转型，2007 年 5 月 12 日，全国首届积极心理健康教育大会在四川成都顺利召开，此次会议宣告了积极心理健康教育诞生。接着，教育部 2012 年制定的《中小学心理健康教育指导纲要（2012年修订）》中总目标的设定，进一步使积极心理健康教育在中国学校心理健康教育中得到认可并付诸实践。为了紧跟时代的发展,充分利用积极心理健康教育的优势,我校从 2012 年起开始开展积极心理健康教育课题,从理论到实践,从个体到集体,学校结合学生和教师的实际,一边学习一边摸索,花大力气推进积极心理健康教育活动。作为课题的负责人之一,我在 2016 年承担起积极心理健康教育与班级文化建设相融合的实践部分,本文将结合积极心理健康教育的基本体系中的途径与方法,对比传统班级文化建设模式,谈谈这一年积极心理健康教育与班级文化建设的教育故事。

班级文化建设是为学生身心发展需要营造的利于学生个体发展的一种集体氛围,所以我们首先要清楚初中生心理健康教育的主要内容。初中生心理健康教育包括青春期从生理到心理的自我认识和客观评价;对中学学习生活的适应和学习能力的发展;构建与同学、父母老师的有效沟通;自我情绪的管理表达;培养早期的职业生涯规划意识;逐步适应各种变化,培养应对失败和挫折的能力。结合以上内容,将积极心理健康教育融入班级文化建设的主要举措包括以下内容:

一、青春期的自我认识和客观评价

初一上学期,班级中的男女生交往问题变得异常突出,孩子对异性的喜欢是青春期自然发展的必经阶段,分析背后的原因,我认为学生将大部分的时间用于学习,可释放自我的空间小,能被认可的方面小到可能只有成绩,很容易将注意力放在情感的部分。所以除了个别谈话进行良性疏导,我还鼓励学生参与各种活动,其中本班还启动了"Golden Time",在每周五的午休时间,学生可以带各类适合室内的棋类、竞技类、娱乐类的活动用品,大家一起活动放松,男生女生在不同的项目中竞技合作,使他们的眼界不再局限于某个环境下的某个人,而是在更宽广的平台同时看到更多的人,这是对自我认识和评价的一种积极调试。

初一下学期临近期末,班级忽然刮起了"魔方风潮",这是我为了丰富学生们的视野向他们播放了《最强大脑》节目中的魔方比赛后,学生中兴起了玩魔方的风潮,结果一发不可收拾,有些学生在课上也偷偷玩魔方。本来是挖掘学生积极心理潜能的好事,但是没想到影响正常的教学秩序,变成了心头之患。于是,我将计就计,并没有呵斥学生不允许再带魔方,而是开展了一次成功的班级魔方大赛,并跟学生达成一致,比赛结束后,任何人都暂时不能再将魔方带入班级,以免影响正常的教学秩序。可喜的是,比赛很成功,不但选出了魔方达人,并且在比赛之后再无学生将魔方带进教室影响课堂。这一次,积极心理健康教育的正面引导再次发挥了作用,魔方比赛中不仅让一些孩子发现了自己除了学习之外的创造力和潜能,得到他人认可,提高了自我效能感,同时,利用师生之间的契约精神,我再一次将班级文化建设的方向转回了正确的方向。

二、中学学习生活的适应和学习能力的发展

小学升入初中,学习内容和考查方式发生变化,若按照传统的方式,仅仅针对学生的成绩不分青红皂白地批评,已经不能再适应当下自我意识更强的初中生。所以除了班主任在方法上进行指导,更重要的是让学生进行自我反省,定期反思,反省主要集中在上一个阶段好的经验总结,和下一个阶段可以努力的方向和办法。另外,班级同伴互助,能力较强的同学将自己的有益经验分享给能力相对较弱的孩子。这样学生从积极层面反思总结,自己培养了独立思考能力,同伴互助又让学生习得了经验,并且在过程中学会如何给予支持和学会请求帮助,营造了相互关怀的班级文化氛围,从而增强了学生的归属感和自信心。

三、构建与同学、父母老师的有效沟通

拥有良好生生、师生、亲子关系的青少年学生,倾向于对自己形成积极的自我评价,拥有较高水平的学校生活满意度。可以说班级文化建设是这些关系的最小子平台。生生之间的关系放在后面的内容中细说,这里着重强调班级文化建设对亲子关系的影响。积极心理健康教育在特色性原则中提高,以情景体验、活动参与为主,充分体现学生主体地位,克服传统说教的弊端。按照学校的班会要求,各班曾开展感恩父母主题班会活动。我们班的主题是让学生根据与父母常见的冲突,通过戏剧的方式来改变冲突,达成积极的结果,在学生编、演和观看的过程中,学生深刻体会并学习了更好地与家长沟通的方式方法。同时,母亲节时,班级录制了送给妈妈一句话的视频,很多学生在录制时眼中满含泪水,家长反馈时说妈妈为儿子一句感谢的话激动得落泪。父亲节时,利用美术课时间让学生绘制了"我眼中的爸爸",并剪辑成视频。这既符合传统中国的价值观,又通过另一种方式把对父亲的爱表达出来,以这种良好的感恩班级文化氛围构建良好亲子关系,同时培养青少年的学会感恩。

四、自我情绪的管理表达

积极心理健康教育提倡针对青少年积极情绪的培养,包括消极情绪的控制和调节。针对这一点,我在班级文化建设中设置了两条对学生的标准:一条是想哭就哭,想笑就笑,情绪只有一条通道;另一条是在负面情绪下,先让自己冷静,最快的解决方式是拥抱。第一条是针对学生自我情绪管理的理念,将情绪的通道打开,是一生自我情绪管理的法宝。第二条对初中段的生生关系构建有重要的指导意义。这个年龄段的孩子还有小孩子的调皮任性,又有了一点少年的自尊心,闹了矛盾常常将责任推给对方。我在处理类似情况时,一般分为三个环节:第一个环节先不让他们说对方错在哪里,先从自我的角度进行反思,并且面对面地反思道歉;第二个环节就是说说下次再遇到这种事,为了避免冲突可以怎么做;第三个环节就是冰释前嫌的拥抱。通过这三个环节,避免了传统说教下学生的互相推诿和复杂恼人的处理过程。以上两条基于积极心理健康教育观的自我情绪管理,有利于帮助他们建构积极思维,从而构建心理优势、心智习惯和个人资源,从而形成适合自己的情绪管理方式。

五、培养早期的职业生涯规划意识

传统的或者说早些年的职业生涯规划多从高中阶段开始,但是随着社会发展,积极心理健康教育认为早期职业生涯规划意识的培养对于学生今后的发展有更为重要的意义。我在初一第一个学期就让学生写下了他们未来对于职业的想法,初一第二学期结合学生的特长优点,为学生制定了适合他们的培养发展方向,并让学生根据老师制定的方向写出他们的反馈,从而调整他们自己对未来职业的方向选择,可以说这是一次早期职业生涯规划意识的启蒙。从这个角度来说,班主任在积极心理健康教育实施者中的骨干力量显得尤为明显,这需要班主任有一颗爱学生的心和细致入微的洞察力,这样才能做好班级中每个学生职业生涯规划的启蒙。

六、逐步适应各种变化,培养应对失败和挫折的能力

换一种方式说,这是要提高学生的心理韧性。生活不断变化的过程的实质是在压力和逆境中不断超越自我的过程。心理韧性这种特殊的力量也成为积极心理关注积极品质和开发心理潜能的研究热点之一。我在实践中感受到,提高学生的心理韧性除了可以在学生遇到挫折的积极引导,还可以带领学生通过读书讨论活动获得。在学校的幸福教育理念下,学生到校后的清晨是美文阅读时间,可是单纯的阅读并不能对学生产生任何思想和心灵上的影响。所以在我的班级大家每天早晨中,读完一篇文章后将会对文中的故事、观点、人物进行讨论或者辩论。这是一个不用学生亲自参与,但却能让学生提前体验社会的过程。学生没有很多机会提前遇到失败和挫折,但是在读书讨论过程,他们可以提前获得应对挫折的经验和能力,这为提高学生的心理韧性打下了良好的基础,而这种良好的读书思考氛围也成为班级文化建设重要的一部分。

作者简介：王长敏，1988 年毕业于天津师范大学，同年 7 月进入天津市第四十五中学，从事初中英语教学工作，至今已有 31 年。

用一封信架起信任的桥梁

王长敏

　　自从成为一名天津市第四十五中学的英语教师,至今已有31年。数十年来我教过不少学生。有听话的、懂事的、爱学习的、不用老师操心的,也有不听话的、不懂事的、不爱学习的、让老师操心的。有些同学的学习能力、学习基础、学习习惯等都存在一些不足,特别是英语基础和学习潜能相对差,因此,每当上英语课时,学生听不懂就很难学会,成绩比较差,造成他们对英语学习更没有兴趣,上课根本不听课,干脆就开始聊天或捣乱,更有甚者在玩手机。刚开始时,我对他们还能耐心地劝说,但效果不佳,时间长了,我失去了耐心,就开始批评他们。但这样只能管一会儿,时间一长,又不起作用了。我一讲课,他们依旧我行我素,想干什么干什么。为此我很苦恼。我觉得这样下去也不是办法,我得改变才行。

有一天,我用了一个小时左右的时间,给九个上课纪律问题突出的学生分别写了一封信,当然是没有信封的信。这学生中有朱耀文、刘雨丰等。我在信中语气平和、态度诚恳,字里行间表达了我对他们的希望、信任和理解,也包含着对他们的尊重,让他们能够感觉到这是师生之间的平等交流,里面满是老师对他们的关心、包容。同时也抒发了我对他们课上糟糕的表现的苦恼,希望得到他们的理解与支持,相信他们能协助老师努力改进,争取上好每一节课。我在信中也说明了守纪律的重要性,相信他们能看懂我的良苦用心。写完信的转天,在英语课之前,我特意早到一会儿,亲手把信交到这九位学生手中。结果那节课上得不错,这让我很开心,感觉功夫没有白费。这种状态持续了很长一段时间。尽管中间也会有反复,但比以前强多了。有时一个眼神看过去,他们就明白是什么意思,明白该怎么做了。

学生更需要的是关心、理解、包容、尊重、平等的交流,少一点批评、指责,多一点鼓励、肯定。教育是一门学问,需要以理服人,需要以情感人,学生需要老师慈祥温和的笑容,文雅亲切的话语,善解人意的目光,而不是一味地批评指责。这样,才能营造出一种平等合作的师生关系,师生的情感才能得到充分的交流。学生才能在一个愉快的环境中，主动、积极地学习知识。

爱是教师与学生之间的一种信任，信任是爱的桥梁。

在此，我想多补充几句。近期，学校安排我新接初三的两个班，负责英语教学。在一个周五下午的第三节课上，因为严重的纪律问题，我把一个学生"请"出了教室……事后，我反思自己在这件事上太过急躁。

后来的一天早上，我静下心来，给班上七名同学写了七封不带信封的信，包括被我"请"出教室的那名同学。我周一英语课前，把这七封信交给他们，期盼能有好的效果。

俗话说，一分耕耘，一分收获。距离上次给那七名同学写信已一月有余，收获是有的，效果也是良好的，我感到很欣慰。从中我也收获了很多，得到了学生更多的理解和信任，还有更多的支持。从中我也明白了很多，多数学生是懂事的，愿意努力成为更好的自己，只是他们还未成年，不能很好地管理自己，而且时间一长，他们就会放松对自己的要求，日常课上的表现就会不如以前，这些都是正常的，这就更需要老师的耐心、细心和持之以恒。老师应采取不急不躁的、合情合理的、处在青春期阶段的学生能够接受的方法去教育、管理学生，也许书信不失为一个好方法。

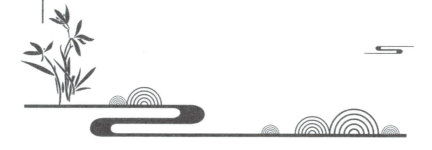

　　作者简介：于珍，中学一级教师，担任班主任工作 7 年，用真心、爱心、诚心对待每一个学生，最大的幸福就是把一群群学生送达理想的彼岸。

教师要尊重、理解每一个学生

于 珍

要像对待荷叶上的露珠一样，小心翼翼地保护学生幼小的心灵。晶莹透亮的露珠是美丽可爱的，但十分脆弱，一不小心就会滚落破碎，不复存在。学生的心灵，如同脆弱的露珠，需要老师的倍加呵护。

——苏霍姆林斯基

行至中年，深感时间带给我的不仅仅是年龄的增长，还有我对学生的宽容与呵护。

最近读到梁晓声的一篇文章《温暖与屈辱，是我毕生的两位老师》，读罢，对文中教师的做法感到悲哀，不禁思索，作为教师，给予学生最重要的东西究竟是什么？我从这本书中摘录这样一段对话，以此为鉴。

（在语文老师帮助下，梁晓声取得了很大进步，这是一次改作业中，班主任与其的对话。）

"梁绍生！"她突然大声叫我的名字。我吓了一跳，立刻怯怯地站了起来。全体同学都停了笔。"到前边来！"班主任老师的语调中隐含着一股火气。我惴惴不安地走到讲桌前。

"作业为什么没写完？""写完了。""当面撒谎！你明明没写完！""我写完了。中间空了一页。"我的作业本中夹着印废了的一页，破了许多小洞，我写作业时随手翻过去了，写完作业后却忘了扯下来。我万没想到我写作业时翻得匆忙，会连空两页。她拍了一下桌子："撒谎！撒谎！当面撒谎！你明明是没有完成作业！"我默默地翻过了第二页空页，作业本上展现出我接着做完了的作业。她的脸倏地红了："你为什么连空两页？想要捉弄我一下是不是？"我垂下头，讷讷地回答："不是。"她又拍了一下桌子："不是？我看你就是这个用意！你别以为你现在是个出了名的学生了，还有一位在学校里红得发紫的老师护着你，托着你，拼命往高处抬举你，我就不敢批评你了！我才是你的班主任，你的小学鉴定还得我写呢！"

"亲其师，信其道。"对原本学习落后但有明显进步的学生，班主任更应加倍呵护，给予鼓励，不应带着原有的偏见妄加揣测,更不应该肆意谩骂,无端揣测。当教育者失去了对学生幼小心灵的呵护,失去了对学生无心之失的宽容,教育极容易走向仇恨和破坏的边缘。

我不禁又想起最近班里发生的一件事:

每天中午进班,都能看到孩子们井然有序地拿饭、打汤,说说笑笑,我满意地点点头,正准备离开,忽然,一个身影映入眼帘,有位同学双手放在桌下,正低着头,聚精会神地朝桌洞底下瞅,我心里一惊,暗道:"好大的胆子,居然在玩手机!"我转身,快步走到班级后门,从后门闪身进去,想着"一定能抓住你",刚走到这位同学的身边,我呆住了,只见他手里拿着眼镜布,正在认真地擦拭着眼镜。看见我突然出现在自己身边,他愣了一下。我"雄赳赳、气昂昂"的"形象"瞬间崩塌了,俯下身对他说:"把眼镜拿上来擦吧,桌子底下太暗了,擦不干净。"他腼腆地冲我笑了笑。我又说:"快吃饭吧!"他点点头,戴好眼镜,走出去拿饭了。我还有话要说,想了想,最终没有说出口。

其实这件事情源于早上八点多我收到的一则微信消息:"于老师,不好意思打扰您,家里一个手机没找到,不知道是不是孩子拿到学校了,如果您看见他在学校用手机,您就直接没收,不用给他了,谢谢!"我看完本想下课问问孩子手机的事儿,结果一忙,忘得一干二净,中午就恰巧出现了刚才的一幕。其实刚刚我特别想问问孩子是不是把手机带到学校了,可是又怕孩子思维缜密,把前因后果联系起来,认为老师不信任自己,以为自己在玩手机。

倒退三年,我肯定会走到他身旁,抬手拍他的后背,并且大喝:"干什么呢!"这样肯定会吓孩子一跳,弄不好他的眼镜还会摔砸到地上,后果不堪设想……

再倒退三年,我肯定会在班级前面大喊:"你,干什么呢?你妈说你带手机来学校了,是不是在玩手机?"结果孩子举起的是眼镜和眼镜布。

幸好幸好,我不动声色,幸好幸好,我没冲动。

有时候,事情真不是你以为的那样。

在杭州师范大学王崧舟老师的工作室里最醒目的位置,赫然写着:教育当以慈悲为怀! 我认为,慈悲就是善良,就是仁爱,于教师而言,就是面对优秀生不宠溺,面对后进生不嫌弃,尊重每一个学生,爱每一个学生,这便是教师的责任和使命。

　　作者简介：王颖，女，汉族，2003 年参加工作，至今担任班主任已有 13 年，曾获得"区级优秀教师""感动河东教育人"等荣誉称号，所带班级被评为"区级三好班集体"。

宽容：一种教师应有的美德

王　颖

古语云："教不严，师之惰。"严师出高徒，从中可以看出"严"在教育工作中是多么重要。但是"严"并不是高声呵斥，也不是横眉立目，更不能伤害学生自尊，造成师生关系紧张，这样的教育效果微乎其微。作为班级的管理者，班主任想要抓好班级建设，严厉是必要的，但也必须学会适当的宽容，这才是班主任工作的成功之道。

事情发生在一个周五的下午。我的英语课是那天的最后一节。在周五下午，无论是老师还是学生，每个人都处于极度疲劳的状态，都在盼望着这节课之后的、期待已久的周末。我习惯性提前进到班里。当我走上讲台，尚未站稳之际，李北（化名）怯生生地走到我跟前，低着头，眼神穿过挡在前面的刘海儿与我交汇,用低沉且无力的声音对我说:"王老师,我身体不舒服……"

李北是我们班一个"问题"女生,别的且不说,她的发型总是达不到学校要求的标准,三番五次地提醒,每次也只能维持两三天。当天早上,我还在班里强调了一下学校对学生发型的要求,发型不合格的同学要利用周日修整一下。

"哪里不舒服?"我问她。

"肚子痛。"她轻声地说。

"那你想怎么办呢?"我大概猜到了她的意图。

"我……我想回家。"

"就剩一节课了,不能坚持一下嘛?"我试探地问。

她沉默,看样子是不想"坚持"。

"好吧。"我说,"给你家长打电话吧!"(学生身体不舒服需离校回家的,我们需要先和家长取得联系,家长确认后,学生方可离开学校。)

李北拨通了电话,说:"喂,妈妈,我肚子痛,想回家。"

"啊,我?我是李北呀,妈。"听她这么说,我心里觉得有点奇怪,自己女儿的声音都没听出来吗?我接过电话说:"喂,您好,李北妈妈。"这时电话里传来了一个男人的声音,不,是一个男孩的声音。我意识到电话那头并不是李北妈妈,而是她的一个朋友。我挂断电话，问李北道："刚才接电话的是谁？"她沉默。"给你妈妈打电话！"我加重了语气。她还是沉默。我终于明白了，说出了我的猜测："你说你肚子疼是骗我的吧？刚才接电话的是你的朋友吧？你不是想回家，而是和别人约好出去玩吧？"面对我的一连串问题，她依旧沉默。我说："给你妈妈打电话，请她来学校一趟！"她哭了，哀求我道："能不能不告诉我妈妈这件事？""不能。今天必须请你家长来学校，打电话吧！"我的话没有再给她留任何反驳的余地。我认为"严师"，才能出高徒。

但是，在我们僵持的 2 分钟内，我改变了主意。如果我执意请家长来学校，那么我和李北之间就会产生一道裂缝。同时，这对李北来说也是一种伤害。

德莱顿和沃斯曾说过：

如果一个孩子生活在敌意之中，他就学会了争斗。

如果一个孩子生活在恐惧之中，他就学会了忧虑。

如果一个孩子生活在鼓励之中，他就学会了自信。

如果一个孩子生活在友爱之中，他就学会了这世界是生活的好地方。

我不想多一个敌人，少一个朋友。所以我做了一个令李北吃惊的决定。

李北拨通了她妈妈的电话,我接过电话,说:"喂,李北妈妈,我是王老师,李北肚子疼,您来学校接她一趟吧……"我挂断电话,李北一副大难临头的样子。之后我们开始上课。

放学时,李北妈妈到教室来接她。我和李北一起走到她妈妈跟前,李北低着头,我说:"李北肚子疼,她要自己走,我不太放心。我想还是您接一趟比较好。"李北妈妈客套了几句,带着孩子回家了。回家后,我怀疑我的做法是否正确,她会不会把我的宽容当作纵容,认为我软弱无能?

周一早晨,当我走进教室的时候,我看到了不一样的李北。她剪短了头发,显得更阳光,更漂亮。她害羞地看着我,我高兴地看着她。这时,我知道我的决定是正确的。我们应该学会宽容。俗话说得好:退一步,海阔天空。

从这件事上,我也明白了一个道理:宽容,是教师应有的一种美德。教师的宽容是学生自信心的保护伞,是学生发展的一种动力。教师的宽容为学生的成长留足了自主反思的空间。它使学生产生被理解、被原谅、被尊重的情感体验,会在被理解和被原谅与被尊重中进行自我反思。面对犯错误的学生,教师的宽容是一只"无形的手",它能引导学生进行自我反省,使学生认识到自己的不足。对学生错误粗暴的批评,对缺点毫不留情的指责,只能使学生丧失自信,产生对立情绪。

　　教师宽容是使学生产生自信、自爱、感激、耐心、公正感和责任感的前提条件,是学生发展中必要的宽松氛围。

作者简介：梁文，2007 年毕业于西南大学，同年任教于天津市第四十五中学，从教 13 年。2019 年 8 月至今援藏。

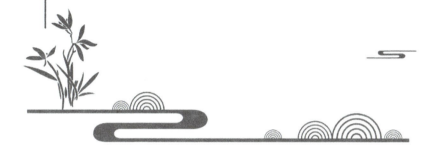

有一种幸福叫作奉献
有一种担当叫作责任

梁　文

6月,正值酷暑,援藏的消息传来。支教事业激荡着我的心灵,我毫不犹豫地报名参加。在经过严格的政治审查和培训之后,2019年8月,我光荣地成为天津市教委统一选派的援藏教师中的一员。我随天津市第九批"万名教师援藏计划"教育援藏队的"援友"们一起,背上行囊,踏上了进藏之路。

飞机落地邦达机场,眩晕随即而来,我脚步虚浮着前进,努力克服强烈的不适感,没做任何休整就马不停蹄地奔赴受援地昌都市丁青县。根据丁青县教育局安排,我被分配到丁青县中学,负责初三年级的英语教学工作及丁青县教育局教研室工作,负责中学英语和小学综合科目的教科研工作——

教师招聘面试,新教师培训,听评课,下乡调研,试卷出题等。接到任务,我找准方向,立足经验,不断创新,我希望能够将天津的教育资源与优势与当地教师学习交流,希望能把天津市第四十五中的幸福教育也带到这里,带到这片雪域高原,并结合丁青县教育的特点,将二者融会贯通,发挥最大效能。

还记得和孩子们初见时,满是忐忑的我小心翼翼地打量着校园里的一切,大山包围着教学楼,矮松和格桑花相映,我看见了孩子们的身影。"能很好地交流吗?"正当我担心的时候,孩子们也看见了我,他们蜂拥而至,热情地招呼道:"老师好!"看着一张张红彤彤的脸庞,我的顾虑烟消云散,我被他们簇拥着来到教室,孩子们都圆睁着大眼睛,好奇地看着我,叽叽喳喳地问个不停。我一下子就爱上了这些可爱的孩子。

说实话,英语学习对于这里的学生来说很困难,所以上课时我得想尽办法去调动孩子们的积极性。一节课下来,由于过分卖力地演绎和来回地走动,我一度缺氧,需要大口呼吸,心跳加速到手脚都有些发麻,但是我的心情和学生们一样幸福快乐。后来,为了鼓励学生们学习英语,也为了更好地交流,我开始学习一些简单的藏语,"休巴德勒(上午好)""次朱德勒(中午好)""古木德勒(晚上好)""阿秋勒嘎(我喜欢你)"……有一次,课上有位同学回答对了问题,我激动地对她说"very good（非常好）"，然后又加了一句"阿秋勒嘎"。
别看他们平日里那么热情，但是一听这话，立刻趴在桌子上
不好意思了。后来我们渐渐熟了，他们也会笑着回我一句
"阿秋勒嘎"。我准备了一个笔记本，课下经常向学生们请教
藏文，学生们看到我如此认真学习藏语，在课上他们也更加
认真地学习英语，我们真的是做到了教学相长。语言的障碍
不仅没有隔开我们，反而还成为师生间打开心扉的"密钥"。
这里的学生大多数是住校的，这便给我们增加了许多交流机
会。我们的话题很宽泛，有时是英语的歌曲动画，有时就是
一本故事书，有时我们还会聊到不同民族文化的异同，我也
会借此机会给他们讲讲民族团结的故事和重要性。有些孩
子的汉语还说不太好，需要旁边的同学帮他翻译，但这也丝
毫不影响我们交流的热情。

西藏自治区是热巴舞的发源地，孩子们的课间操加入了
热巴舞的元素，看着孩子们灵动的舞蹈，我也禁不住接受他
们的邀请，在海拔平均 4500 米的丁青学校操场上跳了起来。
虽然总会遇到头疼、胸闷、憋气的状况，但孩子们的笑意给予
我坚持下去的动力。

为了充分调动学生、家长和教师的积极性，形成家校合
力，促进学生健康成长、快乐学习，在西藏人民面前展现天津

教师的风采,我充分利用家长会和全县成绩分析会的契机,对比近几次的成绩,分析问题成因并给出建议,虽然语言不通,偶尔造成交流困难,但是我尽力克服,找学生或懂汉语的家长翻译。除此之外,我还自费到超市买了奖状、奖品来鼓励孩子们。我想孩子们在收到奖状奖品的同时,收获的更多的是希望和未来。通过与家长的交流,我让家长了解了内地教育发展水平,了解天津教育。我也提出了殷切希望,希望在天津内地班看到我们丁青学生们的身影。

教育局教研室的工作虽然非常辛劳,但我从中也可以获得种种丰富的经历与幸福体验。新教师培训,我就琢磨和老师们说什么——幸福教育!怎样将幸福教育贯穿始终?我对老师们说:"教师本身就应该对生活和工作抱有一种积极的情感与态度,有了积极的情感态度,奉献和幸福就结合在一起了。我们在奉献的同时也造就了自我,在燃烧自己照亮别人的同时也照亮了自己。这样幸福感就在师生之间产生了。"老师们总在说学生对英语没有兴趣,没兴趣就不会开心地学习,那我就琢磨怎么能让他们有兴趣。在英语教研时,我给老师讲如何讲单词、如何上听力课。在期末考试质量分析时,我和全县 15 所学校的校长老师们讲如何设计课堂活动,如何提高学习兴趣。对于我而言,这些经历既是挑战也是全新的体验。当老师们听完讲座对我表达谢意时,这是我最开心的时刻,当老师们说今天的培训大有收获时,这是我最幸福的时刻。

2019年11月14日,这对于我来说是一个终生都难忘的日子,这一天是我入藏开展支教工作的第100天,教育局领导还送来了亲切的慰问。回首这100天,日子虽然很辛苦,却像咖啡一样苦得回味无穷;工作虽然很忙碌,但在累中收获经验也是一种幸福;身体虽然承受着低氧带来的不适,但心灵却像蓝天白云一样透彻。天变得寒冷了,但心却温暖如春。

这样每天不停地忙碌着,正如每天我去上班的路——那是一段一直上坡的路,对于学生而言,这就是求学奋进之路,对于我来说,这就是教育生涯的学习之路,每个人都需要上坡路,虽然会大口喘粗气,会很艰辛,望不到路的尽头,但当你回头看看,身后却是一片美丽的风景,我将手臂抬起,挡去一部分炙热的阳光,转头望见那群满脸高原红的孩子们,我知道这是我的小确幸,真庆幸自己的双脚踏入了这片雪域高原。幸福感不一定非要多么宏伟壮观的事不可,我决心来此,便遇见了幸福。

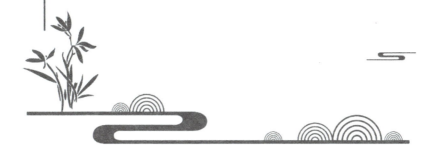

　　作者简介：王心怡，2018 年 8 月起就职于天津市第四十五中学，目前任华英初二四班班主任和语文教师。

我相信每一颗星星都会闪光

王心怡

入职以来,随着对学生的深入了解,我愈发感到作为教师的幸福感。虽然每天仍会有层出不穷或者始料未及的问题会发生,但我慢慢地开始由手足无措过渡到从容不迫,也逐渐从大事小情都找师父求助变为能够独立应对。在这个过程中,不仅解决了学生大大小小的问题,同时也让我自己成长和收获了很多。

作为班主任,我努力关注学生的全面发展,重视学生的能力培养。养成好的学习习惯是我一直以来对学生的严格要求。刚入职时,我时常因为学生学习习惯的不同不由自主地偏爱那些把卷子和书箱整理得井井有条的学生,默默嫌弃座位如同垃圾堆一样的学生。我们班的学生小黄就属于后者。

小黄在学习上极其没有条理性,练习用的卷子总是东一张、西一张,书包和书箱里各种书本纸张"旁逸斜出",我在课堂上讲卷子时,他往往要翻找很久,有时候大半页讲过去了,他才放弃翻找,转而求助同桌。笔记记不全、作业忘带回家更是常事。为此,我批评过他很多次。前期我还会多等等他,提示他先拿本记下来答案,等找到了再补上,后来发现等也是徒劳,便放弃提醒他了。他是个性格内向又害羞的男孩,话很少,自尊心也很强,每每知道自己犯了错,总会羞得满脸通红,也因自责不已流过泪,却又从来不多解释什么。当时的我,除了责备,还有失望:考进华英的学生竟然这么邋遢,说好几次都不改正。所以每当上课讲练习时看到他又东翻西找然后茫然地看着我,我便冷冷地瞪他一眼,然后迅速把目光转向其他同学自顾自地讲下去,全然不顾他的窘迫。

有一天在中午休息时,同学们争相传阅一个本子,我凑近一看,原来是小黄的草稿本,上面画满了他的涂鸦。线条凌乱,却恰到好处地展现了树木和钟楼的形象,有些抽象的意味。我饶有兴趣地翻阅,发现他在绘画方面很有天赋,并且是创作型绘者,那些不同于常规的线条和形象充满灵性。那时我突然意识到,他也是有闪光点的,虽然不会收拾东西,但他实际上一点都不笨，我不该忽视他，更不能因为他在某一方面做得不够好就全盘否定他，给他贴上"不可教"的标签并且对他失去耐心，这是不负责任的表现。

后来我私下里送给小黄一个文件夹，时常督促他把每一科的卷子收拾好，按顺序放到文件夹里，每天下午课间检查他的记作业本和笔记本，加强对他的监督并及时表扬。随着跟小黄接触的加深，我发现他虽然表面有些木讷，但内心极为细腻丰富，对待周围同学也十分和善亲切。虽然有时反应慢一些，但只要他认真努力，还是能看到成效的。一段时间过后，看到他的卷子收拾得整齐一些时，我在全班面前对他提出了表扬，希望能对他有所激励。一年来，他的自我管理能力得到了一定的提高，虽然有时还是免不了丢三落四，学习成绩也没有太明显的提升，但比起一开始已经进步很多了。我深信，好习惯的养成以及分数的提高都并非一朝一夕，但只要有这个变好的开始，就离成才又进了一步。

尽管只是简简单单一件改变习惯的小事，但对于入职不久的我来说，却是莫大的感动和鼓舞。学生的进步让我看到了付出的回报，让我认识到每一个孩子都有潜力与优点，这激励着我努力发现每个学生身上的闪光处。不是只有学习好或者表现突出的孩子才能得到老师的关心爱护，每一颗星星都会闪光,每一个孩子都值得被看到。多一些耐心和爱心,多一点肯定和希望,往往会有我期待的改变。班主任的付出是巨大的,每一天、每一件事情的坚持是不易的,但正是这些微不足道甚至可做可不做的事情,往往会对学生产生巨大的影响。可能等小黄长大了,他也能沿袭现在的习惯,把各种繁杂的证件或材料整理得井井有条,而在他的生活和学习中能多一点便利和高效,也许就是我此刻所做的事情最大的意义。与其说是我在帮助小黄养成良好的学习习惯,不如说是他让我知道该如何对待学生的不足。小黄每次和我交谈结束时都会很真诚地说一句"谢谢王老师",每天放学也都会跟我说再见,我也想谢谢小黄,他让我真正感受到教育的力量以及教师使命的崇高和幸福。

我将继续积极热切的挖掘学生的潜力,因材施教,让不同的孩子在我的班级里都有所收获。希望能让每一个学生都养成良好的学习习惯,我和学生一起,在一点一滴的努力中进步和成长。

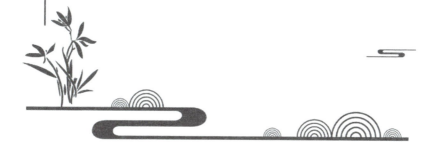

作者简介：魏丽敏，2003年参加工作，曾被评为河东区教育系统校级优秀教师，校级学科带头人，所带班级被评为"区级三好班集体""校级三好班集体"等。

你的青春岁月　我温柔以待

——我的教育故事

魏丽敏

回首自己的教育历程,有步履维艰之时,亦有豁然开朗之日;有心生委曲之时,亦有倍感欣慰之日;有殷殷期待之时,亦有满心自豪之日……我付出了辛勤的汗水,收获了学生愉悦的成长;燃烧了火样的青春,收获了学生丰厚的情感。学生在润物细无声的教育中完善自我,在无声胜有声的熏陶中提升自我。下面和大家分享我的教育故事。

一、以爱心滋养学生的心灵

近代教育家夏丏尊说:"没有爱就没有教育。"实践也证明,爱可以给顽劣以理智,给懦弱以坚强,给浮躁以沉稳,给颓唐以激昂,给迷惘以理想!

当每一位学生过生日时,我会因人而异地送上小礼物并附上写有真挚祝福、热烈企盼的书签。18届学生杨杰没有时间观念，经常迟到，记得他过生日时，我送他一个小闹钟，并写了满满两个书签的赠言，他没有想到他的一言一行会如此牵动老师的心，他领会了我送给他闹钟的用意和心意，从那以后从未迟到，而且他总是给我带来惊喜，高考后考入了警校，再度回到母校，跟我讲警校要求很严格，并且对我说："老师，谢谢您给我的爱、您给我的鼓励，谢谢您没有放弃我！"我们聊了很久、很多，看着他的阳光、感受着他的积极，我几度热泪盈眶。

当流感来临时，我带来预防药，嘱咐学生适时服用；当酷暑来临时，我买来冷饮和酸奶（酸奶送给特殊时期的女生和个别脾胃欠佳的同学），带给学生一丝清凉；当学生生病时，我抽时间去探望，给予他们战胜病魔的力量；每逢佳节，我会给新疆学生送去清真美食……类似的例子太多太多，学生身心的巨变、当时的幸福、学生深深的信赖都感染着我，也激励着我继续以爱心滋养学生的心灵，温暖他们的青春岁月。

二、以耐心等待学生的绽放

著名作家兼教师丁立梅在《每一棵草都会开花》中写道："每棵草都有每棵草的花期，哪怕是最不起眼的牛耳朵，也会把黄的花，藏在叶间。开得细小而执着。"是啊，只是花期不同而已,有的植物一开始就能灿烂绽放出花朵,有的则需要漫长的等待。我们无须着急,只需细心地呵护,慢慢地看着学生长大,陪着他们沐浴阳光、经受风雨,或许有的学生永远不会开花,因为他是参天大树!

2018届学生景辉,原来的班主任说他上课总是吃零食、聊天、看课外书、顶撞老师,就是不学习。我觉得想改变他不能着急,要有策略地等待。我抓准时机,耐心与之沟通,主要围绕学习问题谈。我从别的同学那里得知他有一个欣赏的女孩,学习特别好,便以此为切入点,估计这样更能激发他的学习热情。我和他一起找出成绩不佳的绊脚石——上课效率低、投放点不正等,一起商量一周改两个小问题,鼓励他勇于挑战自己,一个月下来改变很大——不吃零食了,不说闲话了,从未与老师顶撞过,在期中考试中居然位居班级前十名。于是我借机鼓励、大力表扬,并对他提出了更高要求,如上课认真听讲、记笔记等。他在高考中考上了一本院校,实属不易。类似需要"静候花期"的学生有很多,我一直以这个孩子来鼓舞自己,孩子都会绽放,但需要你有足够的耐心,而这份耐心恰恰可以温暖他们的青春岁月!

三、以诗心浸润学生的灵魂

"生活不只有眼前的苟且,还有诗和远方。"教育又何尝不是如此呢?

我以班级文化为阵地,时时刻刻带领学生诗意地学习和生活。民主征集班风口号、班级目标、班级公约、班歌等,同学们群策群力,文采飞扬;鼓励大家出墙报,学生踊跃展示自己的个性与才华;勉励大家展开积极的自我暗示,黑板最上方每天轮流写一句励志佳语,风格多样;奖励互助互帮,如文理互助、几人互助等。其中几人互助是根据学生意愿及成绩相结合,每组推选一名组长,自己命名组名,每天制定学习计划,转天小组内反馈。在月考中团体进步最大的小组会获得"团体小组第一"的流动锦旗,组长和组员均根据所定规则量化加分。学生在互助互帮中体会到了友谊的甘甜、团队力量的强大、学风浓厚的益处;激励开展文娱活动,如学科知识竞赛、班级文摘、班级日志、班班唱、喊口号等,寓教于乐。如2018届班级日志,一位学生这样写道:"我看到的是翔翔和杰杰一起去问化学题,而不是高声畅谈;我看到的是硕林硬着头皮做英语选择题,而不是和帅帅扯皮;我看到的是下课后,大家三五成群地在讨论物理题,而不是说说笑笑……"从孩子们每一天的记录中我读到了主人翁意识,读到了大家的成长。我提倡家长与学生一起书写《班级日志》,这样家长可以随时了解班级动态,家校教育合力也会最大化。如2018届高考百日誓师后喊的口号是"挑战自我,奋战每天,鏖战考场,决战辉煌",再加上《明天你好》的演唱,学生们宣泄了压力,振奋了精神,还会调侃道:"我们的高三好诗意!"一份诗心浸润了学生的灵魂,温柔了他(她)们的青春岁月!

四、以慧心润泽学生的成长

在教育之路上,策略时常多变,智慧总会闪现。但感恩孝亲应放首位。

英国著名教育家培根说:"学会了感恩,你就学会了做人。"我认为,如果一个人对任何人、任何事都充满感恩之情,他一定会是积极快乐、理解包容之人,所以在每届班级建立之初,我一定首先引导学生时时感恩,在追梦的旅途中,自己才是主角,家长是后援团,老师是助梦者,困难是强心剂。作为后援团的家长无私奉献,不图回报;作为助梦者的老师不遗余力,倾尽心血;作为主角的我们又有什么理由不努力呢?学生们非常认同,于是接下来的教育事半功倍。学生们常会不失时机地例证父母的辛劳,老师的专业和敬业,生活中的小磨难过后的收获,等等。在点滴教育中,家长反映孩子不再嫌自己唠叨,亲子之间可以无话不谈,孩子懂得了宽容和理解,老师反映学生理解了老师的良苦用心。

在本文最后,我想化用冰心的诗句自勉,也以此勉励和我一样温柔对待学生青春岁月的可爱的同仁们：

爱心、耐心在左，诗心、慧心在右，走在生命的两旁，随时撒种，随时开花，将这一径长途，点缀得香花弥漫，使穿枝拂叶的行人，踏着荆棘，不觉得痛苦，有泪可落，却不是悲凉。

愿我们芬芳桃李溢香不已！

作者简介:仇家亮,2015 年带着满腔的热情加入教师的队伍,在教育事业上摸爬滚打,收获甚多。

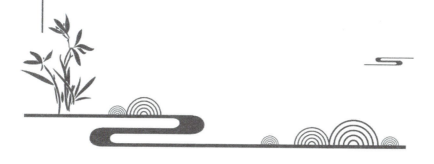

让孩子从错误中学到东西

仇家亮

我担任班主任的工作时间不算长，两年。我常站在学生的角度去分析问题，用心去化解问题。

班级里有个性的孩子不少，或者说每个孩子都是有个性的。有一个女孩子，母亲在她三岁的时候抛弃了她和她的爸爸。孩子从小没有母亲的关怀，只能从姑姑那里得到"母爱"，父亲对孩子又打又骂，孩子很敏感，长到这么大，迟到、旷课、化妆、外出游玩，似乎都是常事，父亲只是用钱满足孩子，孩子似乎也觉得有钱就可以了，各种高档化妆品应有尽有。说实话，学生时代的我对于这样的孩子是嗤之以鼻的，但是现在我的身份是她的老师也是她的班主任，我应该怎样对待这个孩子呢？有一次，孩子又迟到了，我把她叫到外边，想问问她发生什么事情了,她明显不想说,我们俩坐在户外的台阶上,我抱了抱她,顿时,她流泪了,哭了半天,又抱了抱我,跟我说:"老师,我下次不迟到了。"我说:"好。"我不知道是我的拥抱触碰到了她的内心,还是我对她的理解和宽容让她决定要改变,但是我觉得,孩子是需要爱的。我们可以准许孩子们犯错,但是爱更重要。

孩子从错误中学到的东西,永远比从父母的指导中学到的多得多。在孩子做出选择后,如果孩子的选择是合适的,父母要和孩子一起高兴,如果选择有误,也不要指责和否定孩子,让孩子自己去总结和吸取教训。对于某些微小的错误的选择,父母最好的办法就是什么也不说,下次再给他们机会。孩子下次一定会做得更好。也许作为家长我们真的很难放手让孩子自己去选择,很多时候干预过多,但我们需要耐住性子,更多地关注孩子本身的成长,让孩子自由地选择。我们的教育需要"留白",需要一定的放手,可以让孩子多一些自主探索、自我修正、获取智慧和成功的机会。

心理学家德雷克斯在他的著作《孩子:挑战》中说道:"鼓励与表扬,在养育孩子的过程中,比任何方面都重要。一个行为不当的孩子,是一个没有受到鼓励的孩子;受到鼓励越多的孩子,行为和性格会越好、越健康。"在我们教育孩子的过程中,往往是批评多于鼓励,这也许跟中国人含蓄内敛的性格有关。适当地掌握一些表扬方法,会让孩子更有积极性,更喜欢做某件事情,会增加他探索的欲望。

班级里有一个擅长打篮球的孩子让我很头疼,他问题很多,不学习,上课睡觉,没有目标,但心地非常善良。有问题的孩子往往都是家里有问题,母亲性格强势,父亲性格软弱,孩子过于懒散,父母的争吵让他觉得很烦,经常在半夜一两点还会外出,这样的家庭下的孩子,怎么能安心学习呢?我准许他一点一点慢慢改正。有一次他旷课去打篮球,我找他谈话,我说:"规矩是规矩,必须要遵守,情绪是情绪,需要控制。如果一个孩子能控制住情绪,他还会逃课吗?"成长是需要时间的,教育是需要时机的。

现在的大多数孩子,从出生起就,父母就尽其所能给他最好的东西。最好的东西是什么?不是金钱,不是荣耀,不是短暂的快乐,更不是高档玩具和名牌学校,而是良好的习惯。一个从小拥有良好习惯的孩子,在今后的人生道路上会懂得自我控制和调整,会懂得有条理地生活,会有效率地做事,也更容易取得成功。父母常常为孩子出现的问题而感到生气和无奈,其实只要稍加用心,转变一下态度和方法,你便会发现,帮助孩子改正这些习惯并不难。培养孩子的专注力,从不打扰开始,让孩子学会分享之前,首先给孩子充分的满足。让孩子当老师,能够让孩子提高学习效率,并对学习保持兴趣。教育孩子,培养孩子的好习惯,真的需要我们慢慢地去思考和总结。

作者简介:裴绍娜,一级教师,从教 12 年,担任班主任 9 年,年级组长 4 年。第五届校级英语学科带头人,撰写国家级、市区级论文多篇,参与多项课题研究并取得优秀成果。

润物细无声　育人达心灵

裴绍娜

苏霍姆林斯基曾说过："一个好教师意味着什么？首先意味着他热爱学生，感到跟学生交往是一种乐趣，相信每个学生都能成为一个好人，善于跟他们交朋友，关心学生的快乐和悲伤，了解学生的心灵，时刻都不忘记自己也曾是个学生。"

正是这样的呼声与使命，我在班主任的工作岗位上已经渡过了 9 个春秋。说一说我现在的这波学生，这是我担任班主任工作以来，第一次临危受命，接一个所谓的"乱班"。但短短 10 个月的相处，让我收获了无数的感动。

教育无大事，教育更无小事。几件小事让我感触颇多。

班班唱班级合唱比赛结束后，学生们在班级通信群中这样写道：

"今天的我们比以往更团结更优秀！看到主任非常喜欢咱们,听到校长对咱班的评价,心里非常高兴。在歌唱的过程中,我看到了有的老师拿着手机一直录像,台上演奏的四名同学,将古筝、琵琶、吉他和鼓配合得天衣无缝,再加上纪律委员做的视频,使咱们班的表演更气势,在播放时,我还听到了其他班同学发出的赞叹声呢!"

"咱班刻苦练习合唱,就是为了今天的比赛,是否能获得第一名不是最重要的。但这次活动使咱班的心更齐,情更深!裴老师指挥得很棒,我喜欢裴老师,更喜欢她教的课,喜欢她勇于尝试新事物得精神,她是我学习的榜样。"

"2018届华英一班！我爱你!"

"希望一班更加团结更加美好!"

听着学生们一声声赞美的话语,那一刻我体会到他们内心的骄傲与喜悦。此时此刻,那些比赛前一次次修改,一遍遍练习的影像都已化作感动与骄傲。正是对学生的爱,使我苦中有乐。也是源于这份爱,使我不断学习,与他们一起成长。

还有一次是班级足球联赛刚刚结束后,我班学生路某某写道:

"今天中午的足球联赛,虽然没获胜,但我们班的同学们心更齐啦,看到男生们在比赛场上挥洒汗水,听到女生们在场下的加油呐喊声。想起这一年中,我们每个人从小孩成长为如今光彩四射的少年,从初一的班级合唱到现在,一班经历了太多的变化。我爱华英 2018 届一班。"

张某某写道:"今天的足球赛很精彩啊!咱们虽然以一分之差输了比赛,但虽败犹荣!赛场上,同学们在球场上挥洒汗水,女生和其他男生在场下为他们加油助威,每进一个球,我们都为你们骄傲!"

现在我班的学生都已升入初中二年级了,他们褪去青涩,更加沉稳,更加团结,更像一个其乐融融的大家庭。从运动会到班班唱到足球联赛,每一个活动,一班展现出的那股不服输的劲儿令我们紧紧凝聚在一起。从开始到现在,我们一起制造了太多美好回忆。

从一个所谓的"乱班",到现在成为一个有着如此的凝聚力,如此积极向上的班级。这个过程,凝聚了所有老师们对这个班级倾注的心血,这是师者对学生持之以恒的关心与呵护换来的。

这段时期,我的人生遇到了前所未有的困难。同事们的关心与帮助,让我感受到了温暖与呵护,但让我最感动的是学生与家长们对我无声的支持。我总对学生们说:"老师在,你们要好好表现,老师不在,你们要表现得更好。"在我忙得不可开交的时候,学生们表现得出人意料,我心里的自豪,是语言无法表达的。

武某某妈妈在朋友圈里写道:"孩子回家就说经历那么多老师,太害怕失去的就是裴老师了,一天不见甚是想念。"

赵某某妈妈早早地给我发来微信,询问是不是家里有什么困难,是否需要帮助时,我的心里感觉暖暖的。

我认为教师的工作只有得到学生和家长的认可,才是成功的。

当我遇到困难时,能够得到家长的理解和学生的支持是幸福的事。

润物无声的教育,才是直达心灵的教育。在一点一滴中,让学生们感受爱,爱使教育融通生命,散发出亲切的魅力,舒展每一个让人怦然心动的美妙。达到"桃李不言,下自成蹊"的理想教育境界。

作者简介：王丹，天津音乐学院钢琴演奏硕士，曾指导天津市四十五中合唱团多次获得全国、天津市、区级学校文艺展演奖项。王丹曾多次荣获优秀辅导教师奖、"河东区优秀艺术教育工作者""校园歌声学生合唱节优秀钢琴伴奏""河东区学生合唱节班级合唱活动优秀指导奖"等。

随心唱响音乐课　歌舞多彩助改革

——记一件教学创新的事

王　丹

　　课堂教学创新的一小步,将助推教育改革的一大步。作为一名中学音乐教师,在教学中会遇到许多糗事,如何将这些糗事变成好事、变成助推教育创新的动力,对教师来说,不仅是一种应变能力与教学水平的考验,更是一种创新能力的提升与历练。

　　在教学中,我遇到过这样一件事。

　　那节课教的是"随心唱响"单元。为了上好这节课,我在课前制作了歌曲《故乡的云》的小视频,上课时,我先让学生们欣赏这段视频,之后按照我课前的设计,向大家提出了能引发大家思考与兴趣的话题。比如我问他们这首歌的主唱是谁、歌曲中所提到的故乡是哪里等。

　　同学们的知识储备远远超出了我的估计,他们不但能对这些问题对答如流,而且还说出了演唱者费翔的生日、他所拍摄的第一个单元剧和他第一张专辑的名字等。当时课堂的气氛非常活跃,同学们的兴趣完全被引发了出来。然而,正在我准备进入下一教学环节时,班级内却出现了不和谐的声音。

　　两位平时比较淘气的男同学厮打了起来,我立刻上前制止了他们,并让他们站到讲台上来。我问他们为什么要打架,其中一位同学涨红了脸,愤愤不平地说出了原因,原来,他们是为费翔的故乡争论了起来。

　　当时我非常生气,怎么能在课堂无视老师的存在呢?可我转念又一想,一个自主、互动、高效的课堂应该允许争论、允许有不同的观点,孩子们能主动说出自己的想法,这才真正体现了个性发挥,而我要根据他们的个性与观点才能因材施教。

　　我说:"你们两个人因为一点小事就争吵,扰乱课堂秩序,甚至打架,这可就不够友好了。你们说该怎么办吧?"听了我的批评后,其中一位有些不好意思地建议"罚站",另一位态度更诚恳,他说:"老师,我错了,我保证下次不会再有这种行为了。我愿意罚站。"

这两位男同学情商都很高，平常好动、好争论、好跳舞、好冲动、好打抱不平，这些都是他们的共同个性。针对两个人的个性特点，我觉得更应该对他们"因才育人"。所以我说："基于你们俩的认错态度，罚站就免了，但是，我要罚你们跳舞，而且你们还要一起跳。"

听了我的处罚意见，全班同学都一致认同。因为这两位男同学现代舞跳得非常好，课间时经常会有很多小"粉丝"围着他们看跳舞，所以我的提议引起全班同学叫好。我接着说："看跳舞可以，但是我播放的歌曲就是我们这堂课要学的《故乡的云》，看完舞蹈后大家还要把这首歌学会、唱好，然后咱们一起跳现代舞，进行一场自编舞比赛。"

我的建议使班级气氛达到了高潮，尤其是这两位同学刚发生争执，马上又要一起跳舞，这更是大有看头。一开始他俩还由于刚才的不愉快而略显羞涩，但是在大家的热烈鼓掌下，伴随着优美的歌曲，两个人的脸上也渐渐泛起微笑，舞步越来越轻盈，动作越来越和谐，忽然间感觉他们像一对携手太空的漫步者，同时又像一对相互帮扶的攀岩运动员……

这就是歌舞的魅力，不但能让观者大饱眼福、产生正能量，还能让怨者冰释前嫌、友好互动、携手同欢。看过舞蹈表演之后，全班同学在学唱歌曲时格外认真，很快完成了教学内容。之后,我又播放了一段摇滚乐,让大家自发地站出来跳自己擅长的舞蹈。

在歌舞中,我看到这样一种美——

这是一种多姿多彩的美。孩子们会的舞蹈还真多,什么街舞、霹雳舞、机械舞,我们班级真是人才济济、舞姿多彩啊。跳了一段舞曲后,我说:"看来我们班级的舞林高手还真不少,下面我们来进行一场舞蹈比赛,以我们班级教室的正中央为界,两边的同学分成两组,两组同学各派出两名代表,在十分钟之内通过听《友谊地久天长》这首歌曲,来自编舞蹈。正式比赛后,哪一组跳得好,就可以得到老师相应的奖励。"

同学们听到我的建议后欢呼雀跃,并且抓紧选派自己组的比赛代表,选手们一边认真听音乐,一边编排舞蹈,在舞蹈初步成型后,还请我为他们做指导。

"人在载歌载舞的时候,身心可以调整到最佳的状态。人的身体与情感是相互连带的,当负面情感出现时,往往会导致人不高兴、摔东西,甚至出现攻击行为;相反,当人始终保持正面情感时,往往会伴随着很多自发的动作,比如,脚尖不由自主地打着节奏、双手鼓掌或用手指打响等。"如果我们在课堂中用一些能反映愉悦心情的舞蹈动作来调试学生的情感,同样会起到一定的效果,这也是在音乐课中插入舞蹈教学,利于学生身心成长的重要依据。

"歌舞"是音乐与肢体动作相结合的艺术,它不仅可以强身健体,还能够陶冶情操,调节人的负面情绪,通过形体动作与歌曲的完美结合,使学生获得正能量的感染、心灵的净化与素养的提升。

在我的课堂上,通过穿插舞蹈和舞蹈比赛,使歌与舞充分地结合,使课堂形式变得多样化、趣味化与合作化,这不但提高了学生们学习音乐的兴趣、锻炼了综合能力,而且学唱歌曲的效率也得到了提升。他们不但轻松掌握了本节课的内容,还提前学习了下节课要学的内容。而如上的利好,却是因为课堂上一件糗事而引发的课堂变革所致,由一种尴尬引起的教学创新而成。

在任教中,我有这样一种体会——

在教学过程中,不能完全按照备课计划进行,因为一个快乐、合作、有互动的课堂,会出现千变万化的状态,只有根据具体情况因势利导,才能使课堂教学变得精彩不断、新颖高效。

也许正是因为勤于备课、善于总结的原因,我才能将教学中的糗事得心应手地解决,并利用同学们喜爱的现代舞,引导他们载歌载舞,在乐趣横生的课堂氛围中,将教材中的内容充分地教授给他们；使他们在欢歌乐舞中得到潜移默化的音乐教化、情感升华与素养提升。

歌与舞的充分结合，虽然利于音乐课堂教学的开展，但是在具体教学中，还应将教唱歌曲放在首位，注意对舞蹈动作的指点与律动的指导，只有歌与舞的和谐、节奏的合拍，才能使学生真正达到锻炼身体、洗礼心灵、音乐与内心情感统一的教学目的，而这也正是教育界对音乐教育改革与教学创新的真正期望。

第二辑

幸福教育于教师能获尊重，

体自足之趣，品育人之味，

用实干求得长远幸福

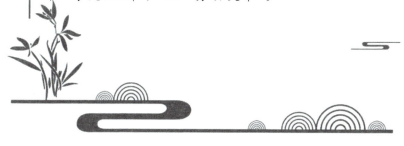

作者简介：王苇，1987年5月出生，毕业于天津外国语大学。河东区第三届"名师工作室"领衔人，第四届全国中小学外语教师教学能手，第五届天津市英语教学能手，曾获天津市中小学第九届"双优课"中学英语学科一等奖，天津市"五一劳动奖章"。

天空的痕迹

王芃

"王老师,到今天为止,我仍然后悔没有同意孩子和您一起参加观摩课的活动,您带着他们做课的效果超过任何的补课,而我却怕他初三年级耽误时间而没有允许,哎,我真不是个合格的妈妈。我觉得您教课有一套方法,能和孩子们很快拉近距离,您走到了他们心里,从骨子里给予了他们改变。"

"您别往心里去了,孩子这两天可能是有点难受,看到大家都参加了做课,自己难免有些失落。我喜欢和孩子们在一起,我希望他们听我的话不是出于学生对老师的恐惧,而是因为懂得老师对他们的好,而愿意选择和我站在一起。"

此时已是凌晨一点钟,安静的午夜只听到敲击键盘的声响。屏幕另一端,一位焦灼不安的母亲。一天繁忙的工作过后,我当然知道早该把手机静音早早睡觉,但工作近十年的我,更加知道此刻作为一位老师,能够安抚这位母亲深深的自责和不安,这对于她和她的孩子来说,意味着什么。于是我们就这样一言一语地聊着,直到最后她说:"王老师,谢谢您,我心里感觉好多了,看您的孩子也很小,耽误您到这么晚,太不好意思了。"

十年了,我很庆幸自己每天工作时还能拥有满满的期待和幸福感,庆幸自己还能和孩子们打成一片,和家长们交心谈心,下班回家后还能眉飞色舞地跟家人描述学校一天的大事小情。我可以发自肺腑地说,选择教师这个职业,是我感到最幸福、最骄傲的事情。和学生们打交道的日子,着急过、委屈过、抱怨过,但更多的还是欣喜和成就。记得我当班主任带的第一届学生毕业那天,我送给了他们一部自己做的毕业纪念视频,背景音乐是班班唱活动时学生们自己改编的"四十五中的日子"。视频里还有我写给他们的话:"三年时光,有笑有泪,抱歉曾带给过你们责备和冷眼,其实你们带给我的,远超过我能给你们的。聚是一团火,散作满天星。我们一起走过的日子,是最宝贵幸福的回忆。"

有爱的日子里,辛苦的付出也就变成了拼搏和奋斗的幸福。工作以来,我在各方面取得了还不错的成绩:全国青年教师风采演讲大赛一等奖,天津市青年教师说课一等奖,天津市"双优课"中学英语学科一等奖,成立了"王芃名师工作室",被授予天津市"五一劳动奖章"。前不久还有幸作为全市唯一一名普教系统候选人,被推选为"全国青年岗位能手"。在成绩面前,我心怀感恩,感恩学校的"幸福教育"为每一位老师搭建事业成功的平台,感恩家人的支持、同事的帮助、学生和家长的厚爱。我始终坚信,爱拥有改变一切的魔力,正是因为无数个熬夜备课、无数次学术打磨,无数次凌晨谈心,无数场师生交锋,我才更加学会了如何爱人和爱这个世界。

我抬起头,看到天空中划过一道绚烂的彩练,我知道,那是我们一起飞过的痕迹。

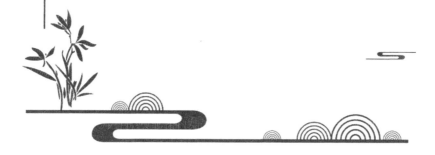

作者简介：王东英，毕业于北华大学师范人文学院，中共党员，天津市第四十五中学思政教师。

我将忘我　不负使命

——让爱传递

王东英

陶行知先生曾说:"爱是一种伟大的力量,没有爱就没有教育。"教育最有效的手段就是"爱"。

作为一名平凡的教育工作者,我深深懂得,教育是爱的事业。习近平总书记"我将无我,不负人民"的赤子情怀深深感动着我,感染着我。作为一名教育工作者,我一直以"我将忘我,不负使命"的教育情怀对待我所从事的教育工作。从教 15 载,我是幸运的,15 年来我能够一直与学生家长和谐相处。15 年不会没有矛盾、没有问题,是爱化解了一切矛盾,是责任担当使我收获了信任支持。15 年中有太多令人感动的故事。

记得 2008 年,我所带的高一六班中有个女同学,性格孤僻,多愁善感,在班级不是很合群,总是喜欢独处。开学没多久,她就产生了厌学情绪,总会找各种借口请假。随着请假次数的增多,我发现问题不对,就找她聊天沟通,然后她逐渐透露出不想上学的想法,想出去打工。当我知道她有这样想法的时候,意识到问题很严重。这种想法肯定和她性格有关,而且这种想法绝不是突然形成的,所以也绝不会通过一两次谈话就能打消的。我没有严厉指责她,而是劝她太小了,从年龄上来说找不到工作,没人敢雇佣"童工",先上几年学,掌握点知识,这样对出门打工更有利。她可能没有想到我不仅没强烈反对她。她还让她积累些知识再去打工,很是意外。她也觉得自己太小真的找不到工作,决定先再念几年书。稳住了她,接下来我开始想对策。第一步,我先联系了她的家长,详细地了解了一下家庭情况和孩子在家的情况,她的家庭很正常,就是父母工作都忙,平时忽略了和孩子沟通,慢慢孩子也不和他们说什么了。家长觉得孩子大了,可能就是和父母不那么亲近了,也没在意。我把孩子的想法反馈给了家长,告诉他们先假装不知道这事,但要在精神上多关注孩子,多与孩子沟通,谈工作、谈社会上的一些情况,让孩子感觉到父母对她的关心在意,也让处于高中阶段的孩子多了解些社会。第二步,我在班级找了几个性格开朗、成绩品行都好的女同学,让她们主动联系她,和她交朋友,在学习上多交流,吸引她的兴趣,让她感到自己不孤独、不可缺。第三步,我开展了一些有利于形成凝聚力的班级活动,像话剧表演、演讲比赛、板报设计等,引导她积极参与,发挥她的特长。隔一段时间我就找她聊聊天、谈谈心,但我不提她想要打工的事,她也不提。慢慢时间长了,她好像彻底忘了这事。一年、两年、三年,她考上了师范大学,也成为一名光荣的人民教师。她和别人说,感谢我改变了她的命运,让她有了不一样的人生。她也要在她的教师岗位上,努力工作,去改变更多迷茫少年的命运,让他们也获得精彩的人生。

爱包含了崇高的使命感和责任感。爱是一种信任,一种尊重,一种鞭策,更是一种能触及灵魂、动人心魄的教育过程。教师应当有爱的情感、爱的行为,更要有爱的艺术。

作者简介：高宝霞，毕业于东北师范大学，现为天津市第四十五中学政治教师，中学一级教师。任教期间曾获"双优课"比赛二等奖，多次做区级公开课，多篇论文获奖。

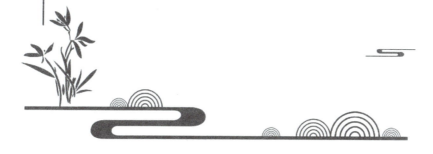

因为爱，所以爱

——我的教育故事

高宝霞

苏霍姆林斯基说过，没有爱就没有教育。爱就是用心去陪伴。

回首自己 17 年的从教光阴，青春在飞舞的粉笔屑里慢慢流逝，但收到的一束束鲜花、一个个真挚的问候和关怀、一张张久违的亲切笑脸，都证明着我作为教师的温暖和幸福。回味和孩子们一起走过的这十几年，我发现，我付出了爱，同时也收获了更多的爱。

在我的从教生涯里，有这样一个女孩子，她让我第一次体会到"妈妈"的爱对一个孩子有多重要。她是我的学科课代表，性格外向，活泼开朗，学习一直很努力，我特别喜欢她。可是突然有一阵子，她意志消沉，成绩下滑得特别厉害。课下我找她了解情况,孩子说着说着就哭了,这时我才了解到她的经历。她尚在襁褓之中时,她的父亲就因犯法进了监狱,后来她的父母离婚并各自重新组建了家庭,有了新的子女,张阅从此成为"多余"的孩子,只能和奶奶相依为命。可是随着时间的推移,奶奶年事渐高,做事情有点力不从心,对她的关心渐渐不够,她在家既要照顾奶奶,又要做家务,每天放学后要忙到很晚才能学习,这样的生活使她苦不堪言。我推心置腹地和她谈了好几次话,告诉她要直面人生,笑对生活,坚持、再坚持,没有过不去的坎。同时,在学习和生活中我对她倍加关心,细心呵护。渐渐地,她对我更加信任,即使高二她上了文科班,我不再教她,她也时常会来看望我,不懂的题找我解答,甚至高考填报志愿都征求我的意见。在我的指导下,她最终被天津师范大学录取。她上大学报到之前,给我写了一封长长的感谢信,并亲切地叫我"高妈妈"。大学开学时,我送给她一个800多元的电子词典,作为"妈妈"的礼物。

她上大学以后,偶尔会和我联系,与我分享学习取得的成绩和生活中的快乐。随着时间的推移,我对那封感谢信中"高妈妈"的理解也仅仅停留在那三个字上。可是一件突发事件,让我突然意识到,当年我无意间撒下爱的种子,此时收获了一地爱的礼物。那是夏日的一个夜晚,已经十一点多了,电话铃急促地响起,我连忙接起电话,电话里传来一个陌生人的声音:"你女儿喝醉了,在马路边上,你快过来看看……"我放下电话,连忙往社区外边跑,她喝醉了,躺在路边,边上围了好多人,怎么叫她都叫不起来,打电话的大哥说他翻开孩子的电话,里面有"妈妈"的电话号码,他就打给了我。不明就里的大哥严厉地斥责我,说我不关心孩子,一个女孩子在外面喝醉了多危险。我看着大哥,哭笑不得地说:"我是她的老师。"顿时,周围一下子鸦雀无声,人们都惊讶地看着我。这时,巡逻的警察刚好路过这里,问明情况后用警车把我们送到她的家。警察走了,空旷的屋子里只有我们两个人。她奶奶已经去世了。我给她擦洗、收拾,一直到天亮。当她早晨醒来,看见桌子上还冒着热气的早餐时,抱着我号啕大哭,嘴里不停地喊着妈妈,我用手拍着她的后背,就像我拍我自己的孩子一样。后来我才知道,她每次遇到了不顺心的事,就想给我说说心里话,但又怕打搅我的生活,所以就经常在我家社区附近溜达溜达。了解到这情况后,我心里很不是滋味,这才意识到她对我的信任已经超出师生之情。岁月如歌,往后的日子我像妈妈一样安慰、指导她。大学毕业时,她选择的职业是教师,我知道她之所以选择这个职业,一定是受到我的影响。教育就是爱心传递。

2012届理科十一班有一个男孩,他瘦瘦高高的,座位在教室门口最后一张桌子那里,平时不怎么和大家交流。每次我上课,总看到他趴在那里,对任何事情都是无动于衷、满不在乎的样子。我没有当堂点名批评他,我想他一定有"心事"。经过一段时间观察,在一天自习课后,我把他喊到了办公室。我问他是什么事情使他整天这个样子,他用质疑的眼神看着我,突然问我:"老师,为什么要学习?学习有什么用?"我说一个人得体现自己的价值,人生才有意义。他继续支支吾吾地给自己找借口,显然这个孩子对于学习、生活没有目标和兴趣。我灵机一动,转化了话题,问他的爱好是什么。这时候他好像打开了话匣子,说自己喜欢书法,最近特别想参加一个比赛,可是父母不同意,怕耽误学习。我对他说:"老师支持你参加,只要你喜欢,你好好练习,全身心投入,一定能成功!"他听罢特别开心,因为他觉得自己得到了别人的肯定。过了十几天,他兴奋地跑到我跟前说:"高老师,我书法比赛得了全市一等奖。""真的吗?你太棒了!"我和他一样地开心、激动。孩子为了感谢我,还专门送了我一幅他的书法作品。我趁机鼓励他在学业上也应该每天多付出一点点,开始几天他坚持的还可以,可是没过几天就懈怠了。为了继续鼓励他,我要求他每天必须坚持到晚上十一点,无论做什么,都必须坚持到这个时候,并且睡觉前要用短信给我发"睡觉了"三个字。孩子起初为了发短信,无所事事地磨蹭到十一点,后来他觉得等时间实在是太难熬了,干脆看看书吧。慢慢地,从不自觉到自觉,他开始学习了。月考成绩出来,他第一次离开了最后一个考场,第一次尝到了学习带来的快乐。趁热打铁,我一边继续鼓励他,一边找他的班主任和任课老师,说明孩子情况,让更多的老师参与进来,关注和帮助他。孩子自己也订立了短期小目标,并一个个不断努力实现。虽然高三他已经不学习政治了,我也不再和他一个年级了,但我对他的关心依然如故,孩子的习惯仍然没有改变,依然每天临睡前给我发"睡觉了",但从发短信的时间来看,他已经能坚持到很晚了。孩子的进步越来越大,家长得知是我的帮助后,特意打电话感谢我,每次孩子学习上有什么情况,家长都会和我沟通。后来他考上了大学,特意带了小礼物来看我。时光如梭,一眨眼几年过去了,当这件事渐渐被我封存在记忆深处时,今年年初,他突然打电话告诉我,他考上了自己梦寐以求的中国海洋大学的研究生。听到这个好消息,我无比激动,我意识到,教师一次不经意的关注和关心,有可能影响到一个孩子一生的成长,教师成为学生人生价值取向的引路人。

2016年,我和新疆学生结下了不解之缘,他腼腆,不善言辞,在众多新疆孩子中普通得不能再普通。第一次知道他是因为同事间不经意的闲聊。他是一名孤儿,我本能地同情起他来。但在孩子面前,我又不能刻意表现出来,所以在学业上我尤其关心、鼓励他。孩子起初学习一般,为了激发他的学习动力,我找机会鼓励他。"听说咱内高班有奖学金,你可以争取拿一次吗?"他好奇地看着我。"因为老师想从你那得到'分红',你看行吗?"他更加诧异,问:"为什么是我啊?"我故作神秘地对他说:"小弟弟(我的儿子)淘气,不听话,不爱学习,老师想拿你的'分红'鼓励小弟弟,你看行吗?"他痛快地答应了。一学期下来,他果然拿了一等奖学金,给我送来崭新的一元钱。我接过孩子手里的钱,对他说:"希望以后每次考试都能得到你的'分红',这样小弟弟一定会很高兴,向你这个大哥哥学习的。"我掏出钱包里的一百元,作为我个人对他的奖励。孩子开心极了。就这样,我和孩子的约定持续到他高中毕业。在我的书里一直珍藏着他的"分红",每每看到这一元钱,我都无比开心。我用我的爱心和教育智慧帮助到了他,他则以优异的成绩考取了沈阳医科大学。临分别时,他说:"高老师,很遗憾我没有能力和机会救助我的父母,但我一定要努力用自己的所学挽救更多的生命,我还要帮您治好您的腿病。"瞬间,我泪如泉涌,作为教师,这就是最好的爱的回报。

在我十几年的教育工作中,这样的故事还有很多很多。回想起来,真是无比欣慰、激动。我们的孩子每个都是鲜活的、灵动的个体,都有自己独特的性格,或活泼开朗,或成熟稳重,或幼稚调皮,或古怪精灵……青少年阶段是人生的"拔节孕穗期",最需要我们的精心引导和栽培。作为一名教师,我们有职责给每个学生心灵埋下真善美的种子,用至真至诚的爱心去浇灌他们幼小的心灵,让孩子们燃起信心和智慧的火种,幸福健康地成长。

这就是我的教育故事,虽然它们已经成为过往,平淡、琐碎,但我一直都珍藏在心底。它们给了我作为普通教师的成就感和幸福感。"用爱播撒希望,用真诚对待学生"是我对教育无言的承诺。因为爱,所以爱。

　　作者简介：金玉浩，一级教师，工作 17 年，担任班主任 6 年，华英物理学科组长 2 年，曾获教育部"创新技术人才"，区级"感动河东教育人""德业双馨教师""青工技术能手"，校级"第五届学科带头人""读书人物""校本课程开发先进个人"等称号，撰写 40 余篇教育教学论文，获国家、市、区级奖项。兼任"硬笔书法""STEM"课程教师。

摆脱"恋爱"的烦恼

金玉浩

经常听到有些家长抱怨:"现在的孩子不好管,沟通不了,心理生理问题层出不穷。"学生出现了问题应如何解决呢? 回答是肯定的——积极调理、耐心教导,以爱动其心,以情导其行。

作为教师,要给学生以真诚的爱、炽热的心,给予他们足够的信任,帮他们发现被掩盖的优点与长处,调整错误的认识。用一颗爱心去开导他们、启发他们,并设身处地去体察他们,平等地与他们相处,相信他们一定能克服缺点。

在少男少女的心里,他们的"恋情"不受世俗物欲的影响,神圣而纯洁,不可侵犯。作为老师一旦发现这种情形,绝不能用简单粗暴的方式去解决,甚至一味地贬低爱情,而应该拉起他们的手,与他们并肩分析、认识事物的真相,用疏通的方法对待男女学生交往过密的现象。

上学期,我注意到班里一名男生上课总是注意力不集中,有时候莫名地发呆,成绩直线下滑。以一个班主任的经验来看,他应该是出了"问题"。果然,我通过了解,发现他正与一名女生在"谈恋爱"。我了解到,他们在以前就认识,上初中后恰好分在邻班,彼此比较熟悉,接触比较多。针对了解到的情况,我觉得应该以平等的方式缓和处理,稍有不当事情就有可能走向反面,影响他的学习乃至前途。于是,我决定跟他谈谈"恋爱"这个问题。首先我肯定纯洁的爱情是神圣的,这种认同拆除了我与他心灵之间的"篱笆",使他能对我敞开心扉,畅所欲言。记得我和他进行了这样一段对话:"你会骑自行车吗?""我会,老师。""那你会开汽车吗?有汽车驾照吗?""这个我没有。""假如现在老师送你一辆高级汽车,你却没有驾照,你能不能安全开回家呢?"他说:"不能。"我接着说:"是的,很多时候,当我们还没有能力做一些事情的时候,就不要碰触它,否则就会发生麻烦,带来很多不必要的烦恼,是不是?"他不好意思地低下了头:"嗯!"我接着又问道:"老师为什么问你这个问题,你知道吗?"他想了一会儿红着脸说:"您是想让我知道,爱情是很美好的,可是我现在还驾驭不好。"我告诉他："人生有得有失，总是维持着一种平衡。人生之路很长，现在你如果得到了'爱情'的喜悦，可是却荒废了学业，之后如何走下去呢？"我为他权衡了学业与"爱情"的轻重："一个人的一生有很多个阶段，每一个阶段都有一个具体的任务。你现阶段的任务是学习、掌握知识，为以后的工作、生活打下坚实的基础。你现在谈恋爱，就像是提前品尝不成熟的柚子，你拼命地撕开它，其味道却是苦涩的。而柚子真正成熟时是多么美味呀！同样，当你学业有成，有了相对稳定的工作之后，才是你品尝甜蜜爱情的时候。你如果把现阶段的任务搞错了，你的父母在伤心之余也许会狠狠地教训你，而学校在对你教育无效的情况下也将会处分你，你会成为同学们议论的谈资，因此，鱼和熊掌两者绝不能兼得。"说完，我建议他冷静地接触那位女生，仔细观察她的优缺点，发现越多越好，最后再综合评价她是否真的很优秀。

之后，我又多次与他谈心，给他鼓励，让他感受到老师并没有因为他犯的错误而讨厌他，嫌弃他，而是要真心帮助他解决困惑，让他把精力放在学习上。大约半个月后的一个课间，这个男生给我写了一个纸条，上面写道："老师，您的方法真好。这段时间我认真观察了她……我也仔细反思了自己，现在我想明白了，也知道该怎么做了，谢谢您！"看到他能够尽快摆脱情感的烦恼,我悬着的心终于放了下来。

经过我耐心的教育和爱心感化,现在他已经摆脱了"恋爱"的烦恼,把精力都投入到了学习中,成绩也从年级100多名进入到前35名。现在他把"考入母校高中重点班"作为自己的学习目标。看到他每天灿烂的微笑,积极的学习态度,渴求知识的眼神,我深深地感受到了做一名班主任的成就感和幸福感。

我想,作为班主任,我们要敢于大胆面对问题学生,积极为其医治疗伤,用爱为其包扎,用情为其输氧。我始终认为,我带的不仅仅是一个班、一个集体,更是一个家。有一份亲情、留一份牵挂,爱是教师人格魅力的核心。有时候我们教师的一个善意的微笑,一道信任的目光,就能融化师生之间厚厚的冰墙。关注每一个学生的问题,是我们义不容辞的责任,爱他们,不仅要用情,还要真诚。我始终坚信:经过我们的努力,每一个学生都会带着一颗积极进取、乐观健康的心,走向阳光灿烂的明天。

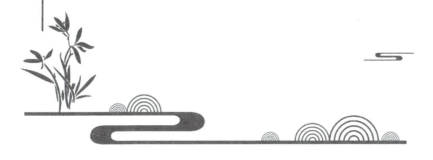

　　作者简介:战云飞,毕业于陕西师范大学,深信带领学生感受幸福、引导学生创造幸福是班主任工作的永恒目标。

幸福：从这里开始

战云飞

初为人师时我热情洋溢，用充足的体力弥补教育经验的不足。现在回首十几年的班主任工作，教育是最需要智慧的工作，也是最能给人幸福感的工作。在遇到问题时，班主任要做一个"探险家"，在探究问题的过程中获得幸福感；在发现问题后，班主任要做一位"医者"，在施治救疗的过程中获得幸福感。班主任工作需要大智慧，在学生与家长都迷惑无助时，找到问题根源，并给予切实对症的方法，让孩子挖掘自己的潜力，找到自信；让家长学会了解与沟通，家庭和谐幸福。

几年前接手一个问题班级的时候，在第一天新生报到时，小艳就引起了我的注意，因为与其他懈怠的学生相比，有点军人范儿的她让我眼前一亮。小艳笑容甜美,仿佛自带天使光环,当时我有种错觉——她是不是被分错班级了?可开学一周后,她就"原形毕露",学习上异常抵触,典型的"不谈学习就很好"的学生。我通过家庭登记表,了解到她的父母都是某大型钢铁厂的工程师,同时侧面向同学们了解她平时的为人,发现她的同学威信极高。做好了这些功课,我找了一段相对充裕的时间,与她进行了一次深入的谈话,把我对她的第一印象直截了当地告诉了她,并把开学后她的反差表现也提了出来,希望她能解开我的疑惑。她当时低下了头,沉默了 3 分钟左右,突然抬起头,泪水在眼眶里打起了转。我到现在仍记得她哽咽着说:"战老师,你能帮帮我吗?"这句话一下子让我的心酸了起来,她开始滔滔不绝地讲述她的苦恼。原来,她的父母都是 20 世纪 80 年代从农村走出来的大学生,依靠自己的打拼走出了一片天地,她的父亲在唐山负责整个钢铁生产项目,妈妈为她放弃了发展的道路,年幼时父母对她的一切要求都百分百满足,当她开始上学之后,父母的态度来了个大转弯,一切以成绩为中心,她开始还顺从、努力,可是当进入青春期之后,她的叛逆表现异常强烈,对于父母的要求就是以"对着干"为原则。初二时她的成绩直线下降,直至现在,她与父母的关系也极其紧张。她希望我能帮她找回一个让父母喜欢的孩子,这时我特别真诚地给了她一个拥抱,告诉她我会全力帮助她的。

接下来,名为"找回自己"的策划正式开始实施,我的原则是先分别击破,再集中解决。

首先,我与她的母亲进行了一次长谈,她的母亲很坦诚地叙述了家里的问题,和孩子所说基本一致,在交谈过程中,我感到了母亲的苦恼与无助。出乎我的意料,三天后她的父亲来学校找我交谈,初见她的父亲,给我的第一感觉是不善言辞,诚恳严谨,没想到刚交谈几句,他的父亲就泪流满面,父亲的苦恼与无助比母亲的要严重许多。因为女儿的叛逆,他在单位甚至觉得同事对他不信服,并因此而自卑起来。三方接触下来,我觉得这个家庭出现的问题在于缺乏必要的真诚沟通,三方都因为"爱面子"而封闭起来,使得产生了许多不必要的误会。于是,我组织了一次学生、父母、我参与的三方会谈,会谈前我先与她和她的父母沟通,表明这次会谈的主要议题就是打破他们之间的隔阂,并教了他们一些小方法。会谈开始,气氛十分凝重,学生与父母都保持沉默,于是我谈了我的感受,以此打破沉默,刚刚说到父母的不易,父母二人分别转过脸擦拭泪水,而学生依旧倔强地咬着嘴唇,昂着头。接下来,我把学生带到旁边的走廊无人处,这时候她抱着我痛哭起来，无尽的悔恨与痛苦倾泻而出，听得我心痛。我安抚好她的情绪后，提出我的希望，希望她与父母真诚地沟通一下。我把她领进办公室，并退出给他们沟通的机会。45分钟后，当我再次进入办公室的时候，母亲正拉着孩子的手谈着什么。据事后学生告诉我，我走后他们三个人先是抱头痛哭，接着是父亲先做自我检讨打破僵局，说出来他希望的女儿的样子，接下来的过程十分顺利。

当我送她父母出校门的时候，他们感激地握着我的手，手心传出的温度也感动着我。

当然这只是开头，好的开始是成功的一半。接下来，我先交给她了一个小小的任务，就是每天在黑板上书写课表，我想通过这件小事培养她的责任感与自信心，这个任务她坚持了一年的时间，一年后她因成绩出色而选拔到成绩较好的班级学习。这一年里，每当我进入班级的时候，字迹整齐秀美的课表已经列在黑板一侧，它温暖着我的心。在这一年时间里，我还挖掘出她的一项特长，我发现她的声音有女中音的磁性美，我让她主持了几次班会，我的这个举动让她爱上了播音，后来在她读大学的时候，她先是在校广播站广播，现在被选拔到大学所在地区的市广播台主持了一档播音节目。

当看着她越变越美，越变越自信，我无比欣慰。当她顺利进入了大学学习,一家三口来到学校对我表示感谢,我无比自豪。如今我和她已然不是师生,是好友。

这就是我与她的故事,也是我多年工作中的一个小浪花。正是这一个个小浪花汇成的大海带给我无边的幸福感。当家长与孩子遇到问题迷茫时,我就是领航人。拨开迷雾带他们驶向光明是我的使命,也是我的责任。

我的幸福从成为教师那一刻开始,同时也会继续这样幸福下去。

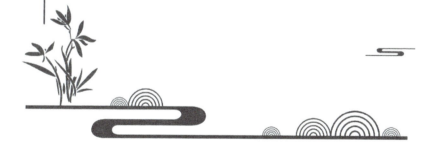

  作者简介:崔金萍,现任天津市第四十五中学高二年级英语教师。从教 15 年来,一直在一线默默奋斗着。本着对学生认真负责的态度,做到不抛弃、不放弃细心呵护每一名学生的成长。

教育:让每个孩子都成长

崔金萍

"老师,我英语特别差。"

"老师,我想做点题,能提高英语成绩吗?"

"老师,背单词管用吗? 我怎么背了那么多,还是做不对题呢?"

"老师,我怎么背完单词,一会儿就忘呢?"

诸如此类的问题,太多太多。学生学习英语,太难了!他们需要一个帮助他们的人,而我,乐意做他们的助手,倾尽全力帮助他们,给他们一个机会,一个见证自己英语水平逐步提高的机会。我相信他们可以!

有一个男生,英语不好,但是这个孩子写字特别好看。当我看到这个孩子的字迹的时候,我太惊讶了。我用他的文稿做范文,做标杆,让大家向他学习。出乎意料的是,这孩子竟然找到了自信,英语成绩也逐步提升上来。我真是为他高兴。

"老师,我们作家长的会全力配合。"

"老师,谢谢您对孩子的肯定。"

"老师,我们孩子最近跟我闹脾气了,麻烦您帮我留意下。"

像这样的与家长之间的沟通已经数不清了。数得清的是家长与老师之间的信任、支持、合作与理解。我们都是为了孩子,每个孩子都可以进步!

就拿我自己现在所教的两个班级来说吧。这两个班级基础都比较薄弱,孩子们普遍存在畏难情绪、抵触情绪。更有的孩子觉得自己没有办法提高成绩了,就这样了。家长着急!老师着急!班主任着急!我坚信,每个孩子都有自己的闪光点。发掘闪光点,旁敲侧击,正确引导,是会看到进步的。另外,家长的力量不容小觑。每天的默写,家长们非常配合,在家盯着,有问题及时与老师沟通。我相信,在各方面合力的基础上,孩子们的进步指日可待!

我曾经看到过这样一篇英语文章,大意是这样的:一个非常有名的商人来到一群教育工作者当中,为教育工作者

"出谋划策"，以便改善目前学校的教育现状。这名商人说："我的公司如果像你们这样，早就倒闭了!"在场的一名教师走出来，很有礼貌地说："我知道您是一家很有名的公司老总。请问，如果您在码头接货的时候，发现你所购买的原材料蓝莓有坏的。请问，你将怎么做?"商人犹豫了下，说："为了保证后续产品质量，我会退货!"这名教师哈哈一笑，说："没错! 你们可以退货，把坏的蓝莓推掉，换新的，而我们不能。我们的学生，无论是大的、小的、聪明的、愚笨的，我们都要全部收下。这就是为什么你们是'做生意'而我们是'教育'!"

　　作为教育工作者，我们不能像做生意一样，看到不够优秀的孩子就放弃。我们要给予每个孩子平等地接受教育的机会，使每个孩子都能够在自身的基础上有所提高，有所进步。这才是我们的努力方向。当然，这样的进步，光靠学校、教师的努力还是远远不够的。教育是建立在各方面力量共同努力、互相之间理解、信任与支持的基础之上的。

作者简介：王磊，毕业于河北师范大学，在内高班教育教学中有着丰富经历和经验，把幸福教育理念渗透在每堂课上，让学生能够获得更大的发展。

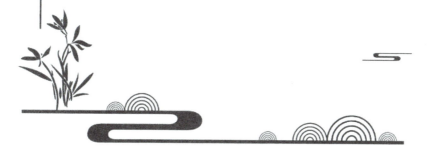

幸福的内高班

王 磊

教师是自我幸福的把握者，是孩子幸福的引路人，在每一个孩子的心目中，老师是最亲切、最有爱心、最伟大的形象。

回想起一年前，学校交给我们教内地新疆班的光荣任务。这个任务除了意味着学校领导的信任之外，更意味着重要的责任。我要教给学生们的不仅仅是知识，还要用学校的幸福教育理念去影响他们，把天津先进的教育和前沿的信息传递给他们。我们担负着维护祖国统一和民族团结的历史使命。

当我站在讲台上给他们讲课时，他们的表现也深深地感染了我。他们的眼神里充满了对知识的渴望，就像已经在戈壁滩里迷失了几天的人对水的渴望。我说的每一句话他们都在认真地听着，写的每一个字他们都想记下来，画的每一个图形他们都用心地去理解。我想孩子们这么需要我，我一定不会辜负他们对我的期望，一定要把他们教好，让他们感觉到天津市第四十五中学是幸福的学习乐园。

语言是新疆孩子在内地学习和沟通中最大的困难。我们的新疆学生许多是用维吾尔语学的知识，现在他们要习惯用汉语学习和理解知识，需要把头脑中固有的本族语转换成汉语来理解。我先给学生打印出纸样，再用多媒体图形演示，尽可能地多用他们熟悉的汉语去解释。像"打折、销售额、盈利"等这种他们比较生疏的词语，我就用他们生活中能接触到的生动的例子去给他们解释，这样他们就很快地理解了。

在平时我总利用一切机会和时间帮助学生，鼓励他们勇敢地面对困难，提高他们的自信心。比如有一个从喀什来的小女孩总是表现得很自信，但实际上她很自卑。当我和她深入交谈后，进入了她的内心世界。她在原来的学校是比较优秀的，但来到这里之后和其他同学相比并没有什么不同。几次考试下来各科成绩都是最低，心里产生了极大的落差，内心变得很自卑，和别人的交流也少了，脸上也没有了笑容。

为了使她重新振作起来,我从比较简单的知识入手,让她在黑板上演算出来,她写得很认真,步骤很详细,计算很准确。我借此机会在班里表扬她,告诉每个同学都有自己闪光的一面,她也从中得到了认同感,找到了失去的自信。此后我又在不同时机多次表扬她,当每次见到我时,她脸上总有阳光般的笑容。她在一篇总结中写道:"我最喜欢的是班主任王老师,我从他那里学到了很多做人做事的道理,王老师总是那么有爱心和耐心,一直在帮助我……"看到这时,我觉得很欣慰,很幸福。

幸福是教育追求的终极目标。只有幸福的教师,才能有幸福的教育,只有幸福的教育,才能有幸福的学生。就让我们所有从事教育的老师们,用智慧的双眼去发现身边的幸福,用美好的心灵去感悟身边的幸福,用无私的爱与奉献创造教育的幸福,享受教育的职业幸福,使学校成为学生幸福学习的乐园!

作者简介：孟维，汉族，中共党员，区级学科领航教师，2006 年参加工作。坚持立德树人，将思政教学与德育教育有机结合，善用教育教学智慧引领学生健康成长。

野百合也会有春天

——关注学生的心理发展,我一直在路上

孟 维

"虽然我不是心理医生,但我愿意做学生内心世界的倾听者。"

有一种花,常常生活在被人遗忘的山谷,没有玫瑰的艳丽,没有水仙的娇美。它没有能力去选择环境,有时甚至连最无私的太阳也不屑施舍一些阳光给它,但在令人窒息的寂寞中,它却依然倔强地生长着……是的,它就是野百合。在我的心中,有的孩子就像是一株株等待盛开的野百合。面对性格迥异、家庭各有不同的学生,我尝试着走进他们的心灵,倾听他们的心声,帮助他们摆脱心理困境。

一、此刻的爱情原来是错觉(初中生情感困惑团体辅导)

说到早恋,几乎所有的老师和家长都认为学生早恋是错

误的,是应当禁止的,这种认识当然不错。然而当我真正走近学生时,才意识到他们之间形成的亲密关系并非都是早恋。当父母和老师以怀疑的目光看待男女生的感情和友谊,这种不信任和怀疑的态度会使孩子感到难受,如果再对他们横加干涉,多数情况下,这些孩子会产生抵触情绪,以至于真的把他们推向"恋爱"的旋涡。

2013年我带的初三六班,学生从初二以后发生了很大变化。比较突出的是,男女生之间交往增多了,在他们的课外读物中,描写爱情的书刊多了,这引起了我的注意。

有一天,我和班里的几个女生聊天,有一个大大咧咧的女生风趣地说:"咱班小A的到来拨动了不少女生的心弦啊,好几个女生特别爱跟他接近,尤其是小B,下课就爱找他说话……""可不是嘛,小A进进出出,小B的眼神总是盯着不放。"班长是小B的好朋友,他非常神秘地告诉我,小B怕见到小A,又盼望着快点见到他,一天见不到小A就心神不定,她自己也感觉莫名其妙,又担心同学笑话,心里特郁闷。而且小B的妈妈也知道了这件事,狠狠地训斥了她一顿,可她还是克制不住。

小A是从体校新转来的一位男生,长得很帅气,有风度,待人诚恳和气,足球踢得特别棒。

小 B 是三好生,坐在小 A 前一排,她活泼、热情、聪明、学习好。但前一段时间,她上课经常走神,成绩下降。当我关切地与她谈心时,她羞报地低下头,沉默不语。母亲的批评、同学的议论给她造成极大的压力,她曾问班长:"我这样是不是坏学生? 孟老师还相信我吗?"

在这类问题上反映比较突出的还有女生小 C。有一天,小 C 的母亲焦急地给我打电话说:"孟老师,昨天晚上我无意中看了孩子的聊天记录,里面写着:'我很喜欢他,但不知道他对我的态度如何? 叫别人传话,他的回答是不同意,嫌我长得丑。怎么办啊?'"这位家长既无助又不好意思,还说:"我真担心,这么小的孩子就背上这样的思想包袱,这对孩子的干扰太大了,会影响孩子成长的。"家长恳切地希望老师给孩子以帮助,把她的精力转移到学习上来。

对以上这些情况,我没有简单地去指责同学们。我意识到,自己面对的这些中学生,已经不是刚刚踏进校门的"小孩子"了,他们进入了青春期,在生理、心理上发生了很大变化。一些学生心中萌动着"爱恋之情",这是正常的心理现象。

怎样对待这个敏感而复杂的问题呢? 我想,切不可四处张扬,不能用"搞对象""没出息""不务正业"等刺激性的语言伤害或压服他们,更不能用封建思想来束缚他们,应该帮助他们顺利地度过青春期。

我首先利用班会课给男生、女生讲授了青春期教育课，让学生了解青春期的生理和心理特点，正确科学地认识自身变化，尊重别人、尊重异性，学会用理智、高尚的情操与道德的力量调节，提高青春期的心理适应能力。我打了一个比方："人的一生就像是一次长途旅行，我们每个人都已踏上了这辆'生命列车'，我们应该知道，这一路上会遭遇泥泞、颠簸，亦会有风雨过后的彩虹。倘若你只被此处的所谓美丽迷住了双眼，只因迷恋此处的美好而下了车，也许你将错过更加绚丽夺目的风景。"我还提醒他们："如果被对方的优点和长处吸引，发现自己有早恋的情感时，应把这美好的情感深深地埋藏在心底，变成鼓舞自己前进的动力，而绝不能为满足个人的欲望去妨碍别人。人活着，要处处为他人着想，自尊、自爱的人才是一个高尚的人。"

课堂上，孩子们听得比平时上课还要认真，有的深思，有的微微点头，有的神情严肃，但不管怎样，好像他们的心逐渐亮堂起来了，班里的情绪很快稳定下来。同时，我还找了一些学生谈心，并让班里在这个问题上处理比较好的同学和他们成为知心朋友。我想也许来自同龄人的声音，对于孩子们会更有说服力。至于之前出现问题的小 B 和小 C，我秉承着

"理解万岁"的态度,鼓励她们振奋起来,帮助她们学会悦纳自己,并表示我相信他们仍然是个好学生。一次次地谈心后,她们终于能轻松地笑了。而后在家长会上,我带领家长展开了"此刻的爱情原来是错觉"的讨论,我们一起找原因、想策略,不但消除了许多家长的心理负担,更使一些不知所措的家长就此找到解决问题的方法。慢慢地,班上同学之间形成了正常良好的友谊,一扫过去的焦虑,大家团结友爱,营造和谐的班级氛围。

通过这件事,我清醒地认识到:对于有早恋倾向的孩子不可简单粗暴地训斥、责罚,更不可监视、放逐、恐吓。相反,我们需要帮助孩子们筑起道德的堤防,帮助他们认清男女交往的界限,让他们明白,任何不负责任的态度和做法都是对美好感情的玷污和亵渎,以避免孩子在和异性交往中做出出格或越轨的事情来。同时,要和家长相互配合,做到"尊重、理解、关怀、疏导",使孩子们把握好男女生交往的尺度——自然、适度、理智、自制。

二、让我们的爱伴你成长(丧母学生的情绪调控个体辅导)

泰戈尔说:"世界上最遥远的距离,不是生与死,而是我站在你面前,你却不知道我爱你。"在我们每个人的生活中,亲情往往会给我们莫大的快乐和安慰。亲情维系着我们的一生，包容着我们大部分的生活。也许关于亲情的一切都过于平凡，过于普通，以至于我们常常会将它忽略，直到某一天，走在人生的道路上，突然驻足回首时，才会发现正是那一个个被忽略的细节，洋溢着浓浓的爱，伴随着自己幸福地成长。

2014届的班上曾有这样一个男孩，在这我们叫他"小胖"好了。他身高一米八，一副热心肠，学习成绩不理想，但老师们每天都还在督促着他。在老师和同学眼里，他是个不算聪明的男生，每天大错不犯，小错不断。但后来，我惭愧地发现自己错了，我应该更多地走近他的世界。

对小胖的深层了解源自2012年夏天。我清楚地记得，那是初一下学期期末考试第一天夜里八点半。当时我接到了小胖舅舅打来的电话，他说道："孟老师，小胖的妈妈因突发心脏病刚刚去世了，恐怕他不能参加后面的期末考试了，请您谅解。"话音未落，我就听到了电话另一头小胖的哭泣声，身为母亲，那声音让我听起来是那么无助、那么悲伤。过了大约十分钟，我的电话再次响起，这次是小胖的爸爸打来的。他告诉我，他是孩子的继父，孩子的生父早在孩子还不能记事的时候就和他们母子俩分开了，小胖的继父和生母是在小胖很小的时候走到一起的。他很害怕小胖受到这么大的打击后,找不到生活的方向,更担心在这个岔路口,孩子选错了路,走向歧途。

打完电话后,我立刻赶到孩子家中,一路上我的思绪久久不能平静。那时我就在想,可怜的小胖,我能为你做些什么?我得帮他,我必须帮他。

期末考试结束了,开家长会的那天,我和小胖的继父深谈了一次。他告诉我,自打小胖妈妈去世后,孩子每天都呆呆的,手上总是戴着妈妈送他的那串手链,床头一直摆放着妈妈生前用过的东西。他不愿和继父一起睡,因为只有独自睡觉才可以痛哭。他不想和继父说话,因为他觉得自己不再有亲人。那几天,小胖开始说些莫名其妙的话,甚至当我跟他说话时,他也气急败坏的。

情着急之中,我意识到让他宣泄是首要任务。于是,我找来小胖,告诉他:"一定要把心里的想法全部都说出来,尽情地哭出来,在别人面前不能哭,就在我这里哭,想说什么就说什么。"也许是越看我他越会想起妈妈,他很激动,请求我回避一下。过了一个小时,他开门请我,从他的脸上能看出来,他轻松了许多,情绪也平静了。他反复跟我说:"以前我不喜欢妈妈,有时还怀疑妈妈到底爱不爱我,现在对妈妈的恨都变成了怀念。我后悔自己没有在妈妈有生之年,对她好一点,再好一点……"后来我告诉他,人都会有个通病:"当一个亲人活着的时候,我们往往不常想着他(她)的好,而当亲人离我们而去以后,脑海里想的却都是他(她)生前的好。所以,珍惜眼前你所拥有的,不要忽视依然对你不离不弃、一直伴随你成长的人。千万不要等到'子欲养而亲不待'的时候,为此而抱憾终生。你说,好吗?"他愣了一下,眼泪再一次夺眶而出。我知道他明白了,理解了。

直到今天,虽然小胖知道了自己和继父没有血缘关系,但两个人的感情还是很好的,甚至可以说是像"兄弟"一样,小胖还把继父亲切地称作"老大"。我曾想也许用我们的爱和关心来填补他的内心,这是我们对于这个孩子最应该做的。但后来有一个理智的声音告诉我,过多的呵护只会把他宠坏,一味地迁就只会让他更懈怠,与其让他"手不能提,肩不能扛",倒不如教会孩子独立,教他学会自尊、自信、自立、自强。因此,即便小胖毕业了,每次联系我时,我依然会更加严格地要求他,希望小胖能成为一个内心强大、顶天立地的男子汉。可喜的是,他已经成为桂林理工大学美术专业的大四学生,正专心做他的毕业设计和准备参加教师资格考试。他的理想就是要成为一名美术老师,教会学生发现美、欣赏美,带给学生强大的内心力量。

三、两代人的对话——当更年期遇上青春期(亲子关系的家庭辅导)

人这一生当中要接受三种教育,即家庭教育,学校教育和社会教育。对一个孩子而言,最重要的便是人生开始阶段的家庭教育。家庭是孩子的第一学校,父母是孩子的第一任老师,家庭教育的好与坏将直接影响孩子的一生。正确地教育孩子,家长需要形成正确的养育观念,掌握切合的教育方法,合理利用教育资源。

班上曾有这样一对母子,俩人每天像仇人一样。以下是两代人的对话:

母亲:"我们孩子怎么不如人家孩子,你看看人家!"

"这孩子从小慢性子,都随他爸。"

"我天天给他吃好的、喝好的,你说他还有什么好想的?"

"这孩子我管不了了,我这急得跟什么似的,他跟没事人一样……"

男孩:"我妈天天监视我,没完没了地唠叨。"

"我妈今天又批评我了。"

"老师您给我妈打电话,下次家长会让我爸来吧。"

"我妈老说我不争气。"

"我妈天天下班就用大嗓门数落我,您说她是不是很讨厌……"

【解析】

1.母亲强势焦虑

"母爱博大、深厚,但也有疯狂的一面。"母亲的强势焦虑和母亲社会角色的负担过重有关。在当下的社会中,女性在求职、晋升等方面不得不面对更多的压力。与此同时,在传统的性别分工的观念下,女性承担起了更多的持家及教育孩子的责任。所以,"母亲的焦虑程度在明显地增大"也不足为奇。

2.孩子困惑的原因

(1)父母比较强势。

(2)母亲活在比较中,总拿自己的孩子和别人孩子比。

(3)批评的声音太多,抱怨声太多。

(4)缺少正面鼓励、引导。

3.问题:这个案例反映出父教缺失。家庭教育应是父母共同的责任

研究表明:家庭中父母的教育是有所侧重的。婴幼儿时期以母亲的教育为主,小学阶段父母的责任各半,而上了初中以后,母亲的影响力下降,父亲的影响力变大。

打个比方:在家庭教育中,如果把父亲比作一棵大树,母亲则是一片草地,母亲提供给孩子温馨、舒适感,而父亲则提供力量、支持和依靠。

资料表明:平均每天能与父亲共处两个小时以上的孩子,要比其他孩子智商高,男孩更像小男子汉,女孩长大后更懂得与异性交往。

4. 态度定位

孩子理解母亲、母亲尊重孩子——缓和亲子矛盾,而非继续对抗、恶语相向。

5. 我的做法

(1)密切关注孩子的变化,适时鼓励点滴进步,增强其自信,恰当指出不足,帮助及时弥补。

(2)多与孩子的父亲沟通,并对孩子父亲好的做法多加鼓励,时常告诉孩子父亲说:"您的孩子能力很强,我们看得出他是很努力的,要相信孩子。""孩子不仅在乎母亲,他更在乎父亲对自己所做的一切。您的支持对于他很重要。"

(3)安慰、劝导孩子的母亲放松心情,要做一个"行动懒惰,思想勤奋"的妈妈,在家里要给别的家庭成员更多为家庭服务的机会,并提醒她多表扬孩子和丈夫做得好。凡事不要包办得太多。有些事情自己即便能做到 100%,也要偷个懒,只要做到 60%～70%就好了。有所保留的部分可以留给全家人共同去参与,去实践。

(4)重视家校联系,在班级开展"最具潜力家庭"评选、"家庭趣事"故事交流会、"我和父母/孩子换角色"等促进亲子和谐的主题活动,力求调动每个家庭参与活动的积极性,充分凝聚家校合力。

6.结果

功夫不负有心人。一个学期下来,孩子的心态、学习状态逐步稳定下来,学习成绩也持续上升。原来这个孩子的水平一直都是年级六七十名的样子,初三上学期期末考试考进了年级前三十名。发成绩单的当天晚上,他的家长特别高兴地给我打电话表示感谢。

在家校互动活动中,越来越多的家长互相交流、借鉴,共同学习、进步,家长团的后盾力量也越来越强大。

以上是我在班主任工作中截取的一些片段,零零散散、细细碎碎……记住了这些,只因希望。我希望孩子们做人做事拥有健康阳光的心态,不是盲目乐观,而是勇于正视人生,正视自我。

我常常反思:既然我已经做了教师,担任了班主任,那就意味着选择了平凡,选择了鸡毛蒜皮。孩子是要手把手教的,知识是要一点一滴传授的,品行是要一刀一笔雕塑出来的。只要在黑暗中努力去寻找光明,看到希冀,我们就会身轻如燕,就不会为了负担而负担了。我还常常在想,天下所有的大事都是由小事汇聚而成的,等有一天,倘若我能看到我的后人能继续坚持这样做下去,人生之乐也莫大于此吧。

最后,用一段话来概括一下当班主任的感受,愿与老师们其勉:

因为琐碎,更显充实;

因为平凡,更显真实。

常保饥渴求知,

常存虚怀若愚。

每一天,

寻找快乐,

珍惜拥有,

常怀感恩。

每一天,

就算留恋那开放在水中娇艳的水仙,

但也不要忘记寂寞山谷的角落里,

野百合也会有春天。

　　作者简介:邢进,硕士毕业于河北师范大学,现任天津市第四十五中学生物教师,教龄四年。

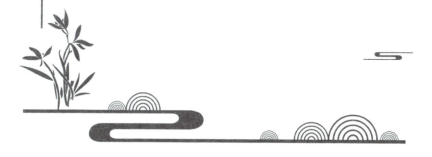

教育故事

邢　进

2019 是我来到天津市第四十五中学的第四个年头。和经验丰富的老教师们比起来，我短短四年的教学经历真是不值一提，需要学习和历练的太多。

谈起印象深刻的教育故事，我不禁想起第一次做班主任的那一年。2017 年暑假，我接到学校任命，第一次以班主任的身份与高二理科班的 26 个孩子一起度过了一个难忘的学期。在这一年，我真正对德育工作有了初步的认识和理解。

读师范大学的时候，学校的校训是"学高为师，德高为范"。也就是说，一位品德高尚的老师，才能称得上是学生的典范。为人师表是一名教师基本的素质之一。在学习生活中，我们经常给学生提出很多要求来约束他们的言行，以便为他们创造良好的人文环境,让他们能全身心地投入到学习中去。然而,学生行为规范不应该只是挂在墙上的一个标语,也不能只停留在每次班会的千叮咛万嘱咐上。想要事半功倍,教师首先就要以身作则,给学生们做好示范。例如,我们要求同学们不迟到早退,那么我们就应该做到按时进班,提前候课;我们要求同学们认真清扫教室,保持环境卫生,那么我们自己的办公桌和办公室也应该井井有条,一尘不染;我们要求同学们上课专心听讲,下课认真完成作业,那么我们也应该认真备课,对于学生上交的每一份作业认真地批改和讲解,让每一次作业都能实现应有的效果。只有老师真正做到了严于律己,处处以榜样的标准要求自己,学生才能自觉遵守校规、班规,才能培养良好的班风和学风,为学生获得优秀的学习成绩保驾护航。

荀子曰:"不积跬步无以至千里,不积小流无以成江海。"德育工作也应该从点点滴滴做起,渗透到每个学生的学习生活中去,融入每一节班会课、每一次集体活动中。记得新学期伊始,学校组织秋季运动会,华英的学生们要到天津市第四十五中与总校的同学们一同比赛。听到这个消息,我明显感觉到了同学们的担忧与顾虑。面对报名表上的项目,他们不敢申报,踌躇不前。于是,我借此机会,召开了一次班会。

班会开始,同学们不愿说出心中的想法。为了让他们能敞开心扉,我安排同组的同学围坐在一起,互相倾诉心中的担忧。渐渐地,面对熟悉的同学,孩子们积极发言。原来他们是害怕失败,害怕给班级和学校丢脸。了解了他们的真实想法后,我开始鼓励他们,失败是成功之母,人的潜力是无限的,不去尝试,怎么知道没有成功的可能?在我的不断鼓励下,开始有同学在报名表上写下自己的名字,最后几乎所有的项目都有同学报名参加。在运动会举行的当天,同学们不畏困难,努力拼搏,虽然结果并未都如人愿,但同学们明白,只要付出了努力,就不惧失败,只要团结一心,就有胜利的希望。经过此次活动,我班的班级凝聚力和团队精神大大提升。在后来学校组织的"班班唱""书香班级"等集体活动中,同学们积极踊跃地出谋划策,甚至能替老师组织活动,自己从中也得到锻炼,提升能力。因此,立德树人亦要理论联系实际,积少成多,最终实现质的飞跃。

　　家长无疑是最了解学生的人,是开展德育工作的重要资源。尽管有些家长在家庭教育的方式上存在或多或少的问题,但是,家庭教育仍然是德育工作中不可或缺的有效手段。家庭教育能帮助教师提前了解学生的脾气秉性,使教师掌握学生在家中的状态,配合学校教育及时对德育工作进行调整。记得刚入学时，班上有一个很聪明的男生，他的学习成绩在班里名列前茅。但自从一月份的月考之后，他的成绩下滑明显，上课时的精神状态也变得很差，老师们多次约谈学生本人，均无改善。我意识到，学生状态的变化很可能是受到了家庭情况的影响。于是，我马上联系了他的家长。在电话中，学生的父亲介绍说，自己和孩子母亲平时的工作都很繁忙，晚上也没有时间监督孩子学习，导致他最近沉迷电脑和手机游戏，每天晚上都玩儿到很晚。我意识到，这就是他每天上课无精打采的原因。我马上将学生家长约到学校，在办公室里一起与学生进行深入而真诚的交谈，了解他的真实想法，同时与家长一起从各个方面对他进行劝导和纠正。我告诫他，高二年级课业紧张，面临会考和高考，时间紧迫，现在短时期的放纵可能会影响自己的一生。与此同时，我和家长与学生约定，在接下来的一个月中，暂时地告别网络，家长也承诺在家中做好监督。经过一个月的家校合作，到二月考试时，学生的成绩已经有了明显的进步。我和家长也及时地对他进行肯定和鼓励，这也使他意识到学习的重要性，体会到了成绩进步带来的喜悦，把生活的重心彻底转移回了学习上。在之后的一次考试中，这个学生甚至取得了班级并列第一的好成绩，这是家校合作在德育中发挥的巨大作用，也将影响学生的一生。

　　人们常说:有德无才做不成大事,而有才无德,做不了好事。德育无小事。通过教师的为人师表,在学生的日常学习生活中抓住每一个小细节,不埋没任何一个学生的闪光点,常与家长进行沟通,了解学生最新的心理动态和需求,这都是实现立德树人的有效手段。作为一名新班主任,我要走的路还很远,要学习的还很多,不忘初心,不断求索,为祖国建设培养德才兼备的接班人!

作者简介: 王欣辛,从教 15 年,一直热爱教育事业,潜心研究教育教学方法,并取得了较好的成果。

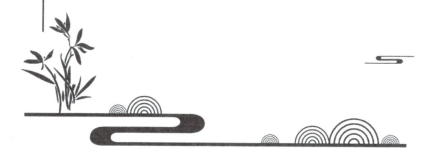

用赏识培育出自信之花

王欣辛

投身教育事业十几年，我见过形形色色的学生，也尝试过各种各样的教育方法，最终发现，赏识教育是一种比较有效的教育方式。何为赏识？赏识与单纯的表扬不同，它是一种发自内心的认可，是对学生真正的理解和尊重，是师爱的升华。

赏识教育建立在平等沟通的基础之上，它是师生之间进行心灵交流的桥梁。学生的内心大都比较单纯，教师只要真心关爱，就能走进他们的内心世界，全方位地了解他们，进而找到值得赏识的诸多闪光点。而后适当地利用赏识教育，就能建立起比较融洽的师生关系，促进他们成长。在初中任教的这两年，我发现初中生比高中生更单纯。教师的一句关心和一句鼓励,就会让他们产生莫大的信心和热情,成为他们发奋学习的动力。今年我负责初二年级,所教的孩子都是头一次接触物理,"不明白"成了他们的口头禅。班里有个特别勤奋但成绩很差的女孩子,对物理几乎丧失了信心。我利用课余时间认真分析了她的诸多试卷,发现她对记忆性的内容掌握得很好。于是我找她谈心,首先肯定了她认真听课的状态,然后赞扬了她对于记忆性内容的落实,最后给出了有针对性的学习方法。她很诧异,成绩不好居然也能受到赞美?备受鼓舞的她按照我提出的方法认真实施,终于在一个月后的考试中取得了很大进步。看到她拿着卷子跟我诉说进步的喜悦,我很欣慰,赏识教育真的成功了。我的耐心和爱心激发了她的潜能,使她提高了成绩,提升了自信,得到了事半功倍的效果。

　　赏识的基础是学会尊重。现在的学生都有极强的自尊心,不喜欢被当众批评,更喜欢被呵护和尊重。因此,老师既需要维护学生的尊严,又得让他们能认识到自己的不足,心服口服,主动改正。想要做到这一点,老师要做到尊重、信任、温和、宽容。记得 2019 年我接手初三毕业班不久,有次上早晨第一节课,一位同学迟到了。他站在门口,一言不发,搓着衣襟,脸有些红。看到他的状态,我意识到这可能是个比较内向的孩子,此时不能当众批评,于是我微笑着问他为什么迟到了,他说堵车了。我笑着对他说:"看你气喘吁吁、小脸儿红彤彤的,应该是跑过来的吧？能这么着急赶来上课,说明对学习很重视,精神可嘉。没事儿,进来认真听课,老师相信你的后续表现会弥补迟到的损失的!"原以为会挨批评,却意外地得到了爱学习的赞美,这令他很不好意思,笑着跑进来了。令我没想到的是,他竟然因为这件事情将物理当成了最爱的学科,上课积极发言,课下认真努力,物理成绩提升很快。这件事使我认识到,在学生已然知错的情况下,已经不需要严厉批评了,此时若能找到值得称赞的点,不仅可以维护学生的自尊,还可以建立良好的师生关系,提高学生的学习积极性。这样做既尊重了学生,又融洽了师生关系,还能促进他提高学习成绩,可谓一举三得。

赏识也要把握好度,不能逾越底线。赏识教育的特点是注重发现优点,但是这并不等于一味地夸赞,也不是不能批评。对于那些成绩较好的学生,一味地表扬会使他们变得盲目自大,恃宠而骄。我就有过这样的教训。我的一名科代表,成绩好且组织能力强,我一直十分欣赏他。谁知,过多的夸赞反而让他渐渐滋生出傲慢的态度。在一次实验活动课上,他颐指气使,与小组成员闹得很不愉快。事后,我从各方面了解到,造成矛盾的主要原因在于他,便耐心细致地做他的思想工作,最终使他意识到了自己的问题,并诚恳地道了歉。这件事使我感触很深,一个原本优秀的学生为什么会变成这样?原来,赏识不等于骄纵,一味地抬高只会让他们失去方向感,最后必将摔得惨痛。所以,赏识也应该把握底线,讲究艺术性。过度的赏识会让孩子们的虚荣心膨胀,这个结果与赏识教育的出发点是背道而驰的。

当然,赏识并不是教育的唯一。俗话说得好:"良药苦口利于病,忠言逆耳利于行。"赏识教育与挫折教育同其他教育方式有机地结合起来,才能取得教育上的成功。教育并不只是一句口号,所有类型的教育都需要融入日常生活的点点滴滴,才能达到潜移默化的效果。在利用赏识教育时,要掌握灵活性,充分运用自己的教育智慧。老师既要肯定学生的优点,也要指出其存在的问题,使学生能够扬长避短,在教师的赏识中获得自信,掌握学习方法,学会做人之道,逐渐完善自身,最终走向成功。都说教师是园丁,就让我们用赏识的阳光,培育出灿烂的自信之花吧!

作者简介：王海楠，中学语文教师，从教16年，热爱教育事业，热爱学生，以实际行动积极践行学校"一条主线，两翼齐飞"的办学理念。

第二辑

用心建构班级　形成向心力

王海楠

　　武侠小说中，有"天下武功，唯快不破"的说法。在教育教学过程中，我觉得可以借鉴一下这个说法，不过要改几个字——"天下班级，唯爱不错"。这种感觉是我负责内高班的时候体会最深的。

　　如何形成班级向心力，这是在师范学院当学生的时候，老教授们多次讲授的内容，但是具体应用起来，并不能直接硬套书本上的技巧，因为学生并不是机器，是有思想的，他们对待有思想有感情的学生，教育手段需要千变万化。但是无论是什么样的手段，其实都比不上一颗真心——一颗为学生着想的真心，一颗懂得沟通的心，一颗鼓励学生的心。

　　内高班是一个特殊的群体，内高班的学生们离乡万里，独自生活。所以，关爱之于他们是无限珍贵的。最初接手内高班的时候，我有些慌张，觉得这群学生说什么我听不懂，我说什么，他们也很难体会，我浑浑噩噩地度过了一段时间。这样的工作经历对于我而言，教学素养没有提高，跟学生的沟通能力也没有长进，直到我遇到这届特别的学生。

接手这届学生，我依旧有些不够投入。这届高一内高生，是我从新疆接回来的，一路上他们见过我，我也见过他们，只是他们不知道我即将成为他们的班主任，我也不太清楚哪些学生即将成为我的班级里的学生。

等到他们知道我是他们的班主任的时候，他们的表情也没有太大的变化，或许是因为四十几个小时的火车让他们疲惫，也或许是其他什么别的原因。

在接下来一年的相处中，我改掉了往日不专注的毛病，开始专注于这个班，我发现这些孩子很有心，也很用心，他们自主学习的能力很强，执行能力也很强，于是这一年我们相处得很融洽，也很有感情。不幸的是，我又被调动了工作，我又和他们分开了。不过还好，每天我还能从他们的班级走过，他们见到我，依然很热情。后来一个学期开学后的某一天，原来班级的班长法吾孜亚到初二年级组来找我，给了我一封信，跟我说这是她写的作文，作文内容写的是我，这篇作文受到了她现任语文老师的好评。

我认真阅读了一下，这篇作文中，她记述了我和他们相处的几件事情。第一件事是不太光彩的——我把自行车放到了班级后面，这让学生们觉得我这个班主任并不靠谱。但是接下来的几件事，却让她改变了自己和同学们的看法。

首先是语文课，他们觉得语文课给予他们的不仅仅是知识，更是学习的方向和动力。就在前两天，我和这些学生们在楼道里相遇，他们还在问我什么时候回去教他们，在他们看来，现任的班主任可以是朋友，而我亦师亦友，既可以说知心话，也可以得到前进的能量，这样的说法让我始料未及，我从未觉得自己做得多么好，只是觉得对于他们，我不想辜负，所以可能更加用心。

其次，她在作文里提到了"班班唱"和足球比赛，这是天津市第四十五中学的特色，虽然与学习无关，但是对于提升班级的凝聚力，很有帮助。文章里，她提到我和他们一起努力练合唱，一起改歌，一起编词，点点滴滴，她都记得很清楚，有些地方我都记不清楚了，但是她，还有他们，记得清清楚楚。在足球比赛过程中，我们一路杀入决赛，遭遇劲敌，并且落后两球，除了场上的球员，场下的同学们都捏着把汗，中场休息的时候，我把球员们召集起来，像正式的教练鼓励球员那样,让大家站成个圈圈,把手放在一起,大喊"加油"! 这样的场景,他们记忆犹新……

还有很多事情,她没有写,我却还能记住——我真的把语文课变成了中华文化史,给他们讲中华文化,讲中华历史,讲茗茶,讲名酒,讲名胜,讲名人……教育大有可为。寓教于乐,班级的成绩始终名列前茅。

其实无论讲什么,无论做什么,也无论我教或者是不教他们,我都能深刻地感觉到,教育其实是个良心活儿,付出的良心越多,收获的不舍也就越多,获得的成长也就越大。如果教师真的可以"一切为了学生",无私奉献,那真的没有教不好的学生。对于我而言,无论我现在身处何地,我对于这些学生无愧于心,我希望他们好,就像他们真心诚意和我做朋友是一样的。我相信,有了这样的心态,我作为教师,就会越来越好。

　　作者简介：朱长蕊，高级教师，从教 17 年，担任班主任工作 10 年，年级组长 7 年，华英分校德育处主任 7 年。工作期间曾获系统级师德标兵、优秀班主任等荣誉称号。

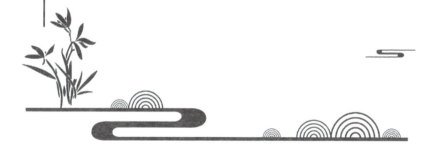

用心去爱

朱长蕊

著名教育家夏丏尊说过："教育没有情感，没有爱，如同池塘没有水一样。没有水，就不能称其为池塘；没有情感，没有爱，也就没有教育。"

下面我想给大家讲两个真实的故事。

上学期刚刚开学不久，初二五班来了一名新同学，在进教室前就听到他的班主任跟我介绍了他的情况（在这里我用"刘同学"来称呼他）：刘同学是一名初三的休学生，各科成绩他也不清楚。我的心里一下子就明白了一多半，休学生百分之八十都是因为成绩才休学的。在推开教室门之前，我在心里祈祷他是那百分之二十。走上讲台，环顾教室，我看到了一个陌生的发型，之所以这样说是因为我确实只能看到他的头发——他跷着二郎腿，微侧着身子，一只胳膊放到了椅子后面，一只胳膊放在腿上，微低着头，长长的头发遮住了他的脸。我想他大概在从头发后面打量我吧……要知道五班在我心目中一直是一个不错的班级，无论学生成绩怎么样，大家在行为举止上都是很规矩的学生，这简直和他形成了强烈的反差。但是因为是第一次见面，所以我只是提醒他坐好，就继续讲课了。下课时我走近他，与他桀骜不驯的目光相对时，本来想和他交谈的我只是和他擦肩而过，因为就在那一刹那我改变了我的想法……那天是周一。周二我们班数学"周周测"，当我将成绩公布时，最后的希望也破灭了——他考了36分，比以前班里成绩最差的学生还差，函数图像对于他来说和画没什么两样。

回到办公室，我静静地回想着他坐在教室中的神情，回想着36分的数学成绩，我大喊道："好闷呀！"有良友问我原因，我吐出了实情。这时一向不善聊天的语文郑老师同情地告诉我，他曾经教过刘同学，这是一个很聪明但是不爱学习的孩子。要让他学习可不容易，可是要是他想学了，就一定能学会。就是这句话给了我动力。我怎么让他学呢？家长肯定没有放弃，他又来初二继续上学是不是能说明他自己也没有放弃呢？只要他没有放弃，那么我就要改变他。但是怎么改变他呢?

第三天,我带着这个问号我走上了讲台。那节课我记得很清楚,那是一次函数的第一节课,教室里很安静,大家都聚精会神地听着课,很多同学都迷惑,数字怎么和图形联系在一起呢?忽然我发现刘同学的脸上露出了一丝难以察觉的笑意,我忽然感到这是一个好机会,便让他回答了一个当时大家都还不会的问题,记得当时他回答得很自信,于是我表扬了他,并让全班同学鼓掌向他表示赞许。课后我找到他,鼓励他,他竟然脸红了,因为这是同学们第一次为他鼓掌。我被感动了,因为我深深地知道被别人认可的重要。这个孩子太需要认可了。

第四天我们上习题课,我故意走到他身边,第一个看他的结果。在我的指导下,他的结论与过程是正确的,于是我给了他一个任务:检查他们一个小组的练习,同学有问题要及时给同学讲解,拿不准的可以问老师……我注意观察着他的举动,他给同学讲解得是那样的认真细致……下课了,我听到他和同伴大声地炫耀着:"看吧,这就叫作'实力'!"

渐渐地,我发现他为了能够当上数学老师秘书,又买了两本课外书,每天做找我问问题,现在在班里俨然是一个数学小灵通。在第二次月考中,他考了93分,拿着卷子懊恼地和我说:"我应该能考97分的,老师。"

小杨是我们班很聪明的同学,但他有一个不按时交作业坏习惯,偶尔还会抄袭作业。他本身是个比较内向的孩子,平时在班里很少和其他同学说话,在老师面前也是寡言少语。我想找机会和他谈谈,可是总因为一些原因错过了。任课老师找到我,提到他的作业情况对他成绩的影响。我喊他来办公室,第一句话就责问他为什么不交作业,还要抄作业。然后我又讲了认真完成作业对他有什么样的后果等。讲的我都快没有词了,他却没有一点反应。在我快绝望的时候,他终于从牙缝里挤出一句话:"我以后会认真写作业的。"听了他的话,我的心里可高兴了,微笑地告诉他,希望他不要有下次了。可是好景不长,任课老师又因为同样的问题找我,我头都大了,真不想管了。但是不行,一定要彻底解决他的问题。于是我特意在放学的时候和他一起骑车回家。在路上,我向他讲起了我的学生时代,我注意到他听得很用心,就问他:"我从小的理想就是当一名老师,杨斌,你有理想吗?"他使劲地摇头,还是不肯说话。我笑了笑,继续我的话题,向他讲了我的拼搏和坎坷,他在一旁始终是个忠实的听众。这样两个多星期下来,我们谈班里的事情,谈梦想,谈新闻,慢慢的,我发现,他不再是一个听众,而是将他以前的故事讲给我听。终于,他向我讲出了不做作业的理由——他认为老师布置的作业没有层次,对他来说太简单,做起来没什么意义。这时我才恍然大悟,只要老师布置作业时有针对性和梯度不就可以了吗? 看来学生的想法有时是能够帮助教师提高教学质量的。我和他反复地研究对策,不但解决了他抄袭作业的情况,而且我发现他慢慢变得愿意和班级同学沟通了,人也变得乐观了许多,学习的积极性也提高了很多,俨然一个班级的小主人。有一天,他在我的桌子上留了一张纸条,上面写道:"谢谢你,我的老师!"

这些事情让我感到,学困生是有着各种原因的:有的因为调皮捣蛋,有的因为自尊心重,有的因为家庭危机等。在解决问题的过程中,教师要摸清情况,因材施教,对症下药,以调动他们的学习积极性。但无论是何原因,教师都要以关心他们为前提。我认为,爱一个好学生并不难,爱一个学困生才是对我们的考验,而这正是教师的天职。教师有了对后进生的爱,就不会忽视他们的存在,更不会冷落他们,教师会想方设法调动他们的积极性。学生是能感受到老师对他的关心和期望的,他们是会自觉配合老师,接受老师的帮助的。

班主任要转化一名学生,单靠研究生和博士生的头脑和丰富的知识是不够的,还要靠我们崇高的人格魅力和创新的工作方式去影响学生,以无限的爱心去感化学生,让学生时时处处能感受到教师的关心和呵护,这样才能打开他的心扉,倾听他的心曲,走近他们的心里。班主任只有理解他们才能走近他们,才能转变他们。我记得有一句话是这样说的:"学生看起来最不值得爱的时候,恰恰是学生最需要爱的时候。如果你讨厌学生,那么你的教育还没有开始就已经结束了。""上帝允许差生的存在。"学生好比种子,需要教师、家庭、社会提供给他们充足的土壤、水分、肥料、空气和阳光。教育是不可逆的,作为教师应以最大限度的理解、宽容,善待学习暂时有困难的学生,帮助他们,让他们获得更大的进步。

　　作者简介：杨乃玥，天津市第四十五中学教师，从教多年，始终认为教育不是牺牲，而是享受。愿做学生的知心人，分享快乐与悲伤，让教育成为幸福的源泉。

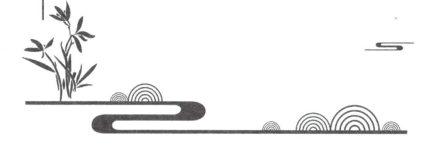

真正的教育力量

杨乃玥

"身为教师的你，或许早已忘记自己念书时的害羞、任性、好胜心强，跟不上老师讲课的进度等问题。今天站在你面前的学生，他们表达自己情绪的方式，与当年的你其实并没有什么不同。"每每读完这段话，因学生"不听话"带来的气恼就会烟消云散。这段话是我的"法宝"，生气时看一看，总能提醒偶尔疲于班主任工作的我，要带着爱，冷静地处理纷繁复杂的班级问题，找到最适合的方法。

记得2017年8月份，当其他老师还享受着暑假最后的休闲时光时，作为新高一的班主任，我们已经开始上岗了。学校要求全体高一学生于8月中旬到校报道。由于之前只有一年担任班主任的经历，在面对一个全新班级的时候，我心

里实在是没有底。52名学生来自很多学校，他们有着不同的
脾气秉性，出自不同的家庭环境，能否顺利地开展日后的教
育教学活动对于我来说是一个巨大的挑战。为了尽快熟悉
他们，我利用暑期军训的三天时间，一个个地和班里的同学
沟通，每人 5～10 分钟时间。在交流中，我问及了他们的初
中学校、优势和短板学科、家庭状况以及未来三年的学习规
划和目标。虽然每天需要额外花费两个多小时的时间去完
成这项工作，但我认为非常值得，因为只有对学生有所了解
才好有针对性地指导和管理。我发现我的学生们在与我的
交流中十分坦诚，甚至不介意说出一些隐私。很多学生更是
借此机会，把生活中非常困扰他们的事都一一向我倾诉。刚
刚认识就对我如此信任，真是令人非常感动，但这也让我感
到责任的重大。

在交流中，其中两个男孩给我留下了挺深的印象。张某
告诉我，他的父母离异，他和母亲在一起生活。他的父亲身
患癌症，爷爷卧病在床，家里只能靠低保生活。他在与我交
流的过程中一直低着头，一副很无助的样子。了解了情况
后，在后面的学习过程中我总会特别关注他的情绪，在他取
得进步的时候会及时给予鼓励，并定期与孩子的母亲电话沟
通，了解他在家的学习状况。而张某自己也通过不断的努力

慢慢提升了学习的状态，成绩稳中有升，人也变得乐观开朗了许多。此外，还有一名学生，李某，他是班级中比较"另类"的人。他给我讲述了他初中时与班主任的"对抗"：初中班主任在课间时态度比较严厉地告诉他，教室两列过道中不允许放书包，让他放在别处。可他却认为正是书箱里没有足够大的空间才选择将书包放地上的，所以没有拿起来书包放别处。为此，他和班主任激烈地争执起来，并直接去校长办公室汇报此事。听到这番讲述，我心里很是担心，这三年会不会也发生类似的事情？三天的军训过后正好是第一次新生家长会，散会后李某的母亲特意留下跟我进行了单独的沟通。当时，孩子的母亲情绪有些激动，她告诉我，家里做生意赔了很多钱，这件事虽然一直瞒着孩子，但是平时家长的情绪经常会波动，就会和孩子争吵。久而久之，孩子爱上了玩网络游戏，没日没夜地玩，根本听不进去周围人的劝诫，家庭关系非常紧张。李某的妈妈也因此患上了抑郁症，甚至需要定期接受心理医生的辅导。家长很是无助，特别希望孩子进入高中后能有一个全新的开始，也请求我多帮助她的孩子。我突然间意识到，当一个家长跟我吐露了心底最深切的渴望时，她是多么期待我能给她的孩子带来一些积极的变化啊！于是，我在平时非常关注李某，还别说，我发现他真有别的学生身上没有的优点。比如上课注意力非常集中、不明白的问题及时问、敢于因为与老师的观点不一致而和老师展开争辩,可以说他是个非常会利用在校时间学习的孩子。但是他的缺点也非常明显,上课有时口无遮拦,缺乏纪律性,人生态度非常消极,回家就开始玩游戏,家人一旦阻挠,双方就会起冲突。于是我在班级的一次学习指导中当着全班同学表扬了他积极思考,肯定了他身上的优点。借此机会,我也指出了他应该改善的地方,课后我还耐心地和他聊了聊他的家庭,告诉他一旦上了大学就意味着和父母相聚的时间慢慢减少,引导他珍惜现在的生活。慢慢地,我发现李某不再像以前那样,遇到什么事都情绪激动,说话时也不总是用咄咄逼人的语气,家庭关系也好了很多。

　　我的班级有 52 名学生,我不可能做到每天和每位学生交流,表面上我对一些孩子"不闻不问",可私下我没有放松对每一个人的观察,表现好的记下来,表现不好的更要记下来,一笔一笔毫不含糊。对于情绪波动大、成绩有起伏的学生,我会第一时间和他们谈话,告诉他们我近期对他们的观察结果,客观地指出他们存在的问题,当然也会给他们一点希望,鼓励他们调整自己状态,以积极的态度面对生活学习中的困难。身为班主任的我,不敢说苦心孤诣,但也是尽心尽力去做了。我明白,真正重要的教育力量源自我的真情投入和对每名学生的关爱,只因为他们是我一生的风景!

　　作者简介：郑建强，生于庚申之年，学于西南之隅，而立而有志于教育之苑，十载以忙碌于琐屑之中，然天资不颖，终日碌碌，维勤以补余拙。

且行且思

郑建强

逝者如斯，不知不觉间又一届华英高三的学生踏上了新的征程。过去的日子里没有轰轰烈烈的事迹，也没有荡气回肠的壮举，仅是在平凡的岗位上做着自己该做的事情。从教十年有余，我渴望与学生共同成长，尽管是蜗行摸索，过程艰辛而又漫长。

上学期，我带的是高三文科班，这届学生是我从高一年级一直带到高三年级的，他们高一高二基础普遍较弱，高三时知识的综合性猛然增加，有部分学生因没有目标而处于自我放弃的状态，这有一些学生唯恐班级不乱，整日惹是生非。其中周同学，为了扭转他的思想，高一时我找他深入谈心，明确地告诉他我对他的要求与期待。可是每次似乎都没有多大效果，一切照旧。就在我考虑接下来如何继续处理类似事件时，他和同学因为语言不和发生了严重的肢体冲突。我让家长领他回家反省。原本我想以此为契机给他一次悔改的机会，听到他的承诺后，我还在窃喜，以为这个学生的问题解决了。然而，我高兴得太早了，在他打架给过处分两周后的周五的早晨，他因为在厕所吸烟被我抓住，于是，又一次回家反省。这个学生给了我很多思考：对于屡次违纪学生，应该如何处理？

　　还有一名女学生何同学，现在她已经在大学的校园里开启新的学习生活。现在回忆起来也是感慨良多。她刚开始时处于青春叛逆期，和理科班的男同学关系相对比较紧密，每天根本没有心思学习，不时会用各种借口不来学校。针对这种情况，我请她妈妈来过几次学校，后来发现家长根本管不了孩子。何同学在一次考试中用手机作弊。对于自己的这种行为，她还振振有词："我作弊是为了不让家长伤心。"我意识到这是一名思想上需要帮助的学生。首先，我告诉她，我相信她的确是为了让父母放心而做了错事，然后我又问了她一个问题："你这样做真的让父母放心了吗？"她沉默不语。在接下来的日子里，我没有因为她违反过纪律甚至是学习成绩不理想而放弃她。后来，她妈妈在微信中告诉我，孩子对未来没有方向,不知道该怎么办。但是何同学好像对艺术领域中的模特表演比较感兴趣,为了瘦身坚持运动了一个多月。我建议她妈妈对孩子的选择全力支持。经过三个月的努力,她顺利通过北京服装学院模特表演专业的考试,最后高考也顺利地考入自己理想的院校,收到录取结果的时候,她妈妈给我发来了信息,收到信息那一刻我明白了自己存在的意义。

　　担任班主任后,使我进一步懂得:对待学生,我们应多一些爱心,少一些冷漠;多一些耐心,少一些嫌弃。这同时也给我带来一些思考:现在的学生,受社会及家庭教育的影响,很有自己独到的看法,应该说这是好事,也是学生成长的表现。但是,他们对事情的看法、处理,往往更关注自己的感受,不能够理性地解决问题。现在的学生,说教似乎对他们已起不到多大作用,你所说的他们都懂,但在做的时候就是另一回事。对于周同学的教育,我动了一番心思,既想做通他的思想工作,又想给他一定的压力使之端正思想,给自己正确定位。总之,从开学到毕业,他给我的感觉就是小错不断,大错照犯。而今他已毕业,我还在思考接下来该怎么办。我始终相信:爱是教育学生的重要源泉,爱心是成功的基础,耐心是成功的保证。泰戈尔说过:"不是锤的打击,而是因水的歌舞而使石头日臻成为完美的鹅卵石。"爱是老师的柔情和博大所化,在且行且思中感化、滋润学生的心田。

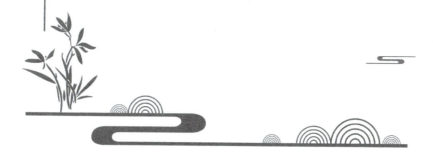

　　作者简介：刘晶，中学语文高级教师，曾担任班主任 15 年，带毕业班的经验丰富，深受学生及家长的喜爱。

最好的自己

刘　晶

柳树枯了,有再青的时候;大雁去了,有再来的时候,而岁月却像那滔滔江水一般一去不复返了。工作十多年来,为人师表,我深深地热爱着我的教育事业,为了使每一名学生成为"最好的自己"一直在努力着,同时也在神圣的讲坛上不断讲述着自己的教育故事。许多事情都已随着岁月的流逝渐渐地淡忘了,但有这么一件事,它就如树根一样深深扎在我的心中,使我感悟至深。

我每周都布置周记作业,利用这个作业,我可以倾听孩子们的心声,用笔与孩子们交流。一天,我打开一本装饰得很漂亮的新周记本,开头第一句话就是:"我今天太高兴了!"旁边还画了好多美丽的花。看到这句话,我也很高兴,我很迫切地往下看,想立刻与孩子分享这一份喜悦!当我看到后面的话是"因为今天我爸妈终于离婚了"的时候,我惊呆了!我的心里冒出无数个问号,在我的认知里,父母离婚,孩子是最无辜的,最受伤的应该就是孩子。可是这个孩子却感到"太高兴了"!这是为什么?难道是孩子的心理有问题?我不敢多想,马上利用下课时间找到这个孩子,想了解她内心真正的想法,与孩子谈谈心,不要让孩子出现不良的心理问题。

当我在楼道里找到她时,她瞪着闪烁着光芒的大眼睛,第一句话就是问我:"刘老师,您看见我的周记了吗?您为我高兴吗?"我微笑着说:"看见了啊。"没等我继续往下说话,她就非常兴奋地说:"我的爸爸妈妈终于离婚了!我终于可以摆脱他们的吵架声,每天在安静的环境下学习了!我妈妈每天的哭声太让我心碎了,我们娘儿俩经常会一起抱着哭……从昨天开始,我那个天天酗酒的爸爸终于离开了!从今天起,我会好好照顾我的妈妈,我会天天好好学习,用好成绩来回报我的妈妈和老师!您就看我的行动吧!"听完她的一番话,我的心也跟着碎了。我原先对她的家庭情况有一点了解,但没有想到情况是如此糟糕。我笑着摸了摸她的头,微笑着说:"孩子,老师看着你的笑容,跟你一样高兴!从今天起,你长大了,听了刚才你说的话,我发现你是顶天立地的大人了。你的家庭结构虽然变了,但是从你的话语里我能听出来,这并没有破坏你的心情,这让老师放心了。孩子,看到你在周记里说要好好学习回报妈妈,我特别高兴。我想你回报妈妈最好的方式,就是好成绩。现在正是你好好学习的大好时光,努力吧孩子!为了成为'最好的自己'!以后有什么需要我帮助的,尽管对我说。"孩子笑着,给我比了一个"胜利"的手势,然后走了,看着她的背影,我感到我的心又疼又轻松。

我疼的是这么小的一个孩子,小小的心灵竟然一直承受着这么多的重量!我轻松的是孩子终于可以摆脱这样不利于孩子健康发展的家庭!以前,我总认为家庭的破碎,受伤害最大的就是孩子,每一个孩子都不愿意离开双亲。这件事情让我知道了,充满爱的家庭才是孩子最想要的,每一个父母都应承担起爱孩子、抚养孩子的义务,尽最大的力量为孩子撑起一片天,让孩子在最好的年纪做最想做的事情。每一个孩子都是一朵小花,需要家长的细心呵护,也需要老师的精心呵护。家长在家里多观察孩子的一举一动,老师在学校里也要细心地观察每一个孩子的情绪变化,在孩子需要的时候,找准时机走到孩子的心里,给孩子及时的、准确的心理疏导,让每一个孩子每天开开心心地投入到学习中去,发挥他们最大的潜能,成为"最好的自己"!

作者简介：徐乌日娜，出生于 1984 年，蒙古族，陕西师范大学英语文学学士，英语专业八级及口语八级，2006 年毕业至今一直任教于天津市第四十五中学现任高三年级英语教师。

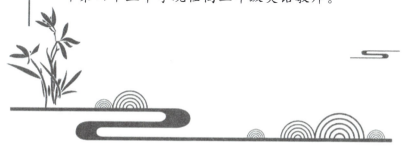

做一名知心的老师

徐乌日娜

今年我担任高三十一班的英语教师。面对 35 个来自新疆维吾尔自治区的孩子,我能感受到他们离开家乡,不远万里来此求学的辛苦,同时也能体会到高三学习生活中孩子们所承受的压力。教育是门心的艺术。唯有知心,才能把爱心播撒在孩子们心间。唯有体会了师爱,孩子们才能"亲其师,信其道"。我常常告诉孩子们心中要有目标,有了目标的支撑,才会有坚持的信念。在孩子们想松懈或想放弃的时候,我常常把这种正能量注入孩子们心中,让其有信心朝目标前进。课后,我充当起了"垃圾桶"的角色。孩子们经常把心中的苦恼和困惑说给我听,包括学习中的和生活中的。孩子们能够对我敞开心扉,这让我感到十分开心,我愿意成为他们的倾听者,耐心、用心地听完他们的故事,给他们提出我心中最有价值的建议。下面就是我的课代表的故事。

她是个十分懂得努力、工作很有条理的孩子。每次我交代的作业和让做的事情都会记录在小本子上,逐项完成,一个不落。但她是个安静的孩子,性格偏内向。有一次在跟我一起拿卷子的路上,她告诉我她心里很难过——自己英语成绩从来没有过突破,当课代表很内疚。当时,我就感觉到这孩子的心思很细腻,我告诉她:"在老师心目中,你是最好的课代表,又心细又负责任。你现在认为自己英语学习进入了瓶颈期,老师会帮助你的。你心里不要有太大的负担。"于是,第二天我利用一个自习课的时间,把她叫到办公室,跟她一起详细分析她在英语学习中所遇到的困难。主要问题出现在词汇漏洞及理解偏差上。针对词汇问题,我叫她把阅读中遇见的所有生词记录在词汇本上,让她在潜移默化中记单词。针对理解偏差的问题,我叫她重新思考每一道阅读错题,在对完答案之后,讲错题给我听,每一次思路上存在的问题,我都会及时提点她。这样一个月下来,第一次月考她考了 103 分,这是她高一到高三考得最好的一次。孩子得知成绩后很开心,专门过来跟我说:"老师,高三这么关键的一年,遇见您是我的幸运。每次跟您聊,我觉得心里所有的烦恼都没了。"这句话像一股暖流流入我心间，更加坚定了我要做一名知心老师的信念。

其实，在这个故事中，我并没有做什么特别的事情。我只是在我的教学中践行着我一直秉承的教育理念：要做一名懂得孩子们心灵的老师。认真对待每一位学生，默默地做我的工作。当老师，不仅要给孩子们传授学科知识，更重要的是要让他们学会做人，学会珍惜生命，做一个真正积极向上、充满正能量的人。布瓦吉尔为什么听了进去我说的话，有了如此大的突破？其实最重要的是我说到了孩子的心里，触动了孩子的心灵。我对于她的认可是对她最大的安慰，我对于她的鼓励就是她坚持努力的最大动力。所以一个老师的教育理念和方法对于孩子们来说很重要。老师说的一句话，有可能影响孩子一辈子。以后的教学中，我也会继续坚持我的理念，做一个最知心的老师，为孩子们答疑解惑，关心他们的心灵，做好他们的引路人。

作者简介：张伟刚，从教 21 年，秉承学校幸福教育理念，努力为每一位孩子搭建成功平台，引领他们在幸福中成长。

做一名走入学生心灵深处的班主任

——不愿回家的男孩

张伟刚

俗话说，世界大舞台，班级小舞台，在这个小舞台上，每天都发生着各种各样的故事。

这几天，林小强（化名）突然引起了我的注意。往日里他性格开朗，总是有说有笑，一双大眼睛总是笑眯眯的。他在班里成绩一般，但是特别擅长绘画、书法，班里的板报几乎被他一个人给承包了，所以说他热爱班集体，一点也不为过。不过他也是个调皮的孩子，总会在课上闹出点儿动静来。我经常接到其他的老师和同学对他的投诉。他在班里绝对算是个爱捣蛋的学生了。

可是这几天，他一改往日的风格，变得异常安静，脸上的笑容也不见了，为班级服务的积极性也随之消失得无影无踪。当时我预感到会有不好的事情发生,准备第二天找他好好谈一谈。令人始料未及的是,当天晚上就出事了。下午放学的时候,他的妈妈像每天一样在距离学校不远处等待他放学。本来五点半就放学了,可是林小强的妈妈一直等到学校门口都没了人影还是没有见到她的儿子。这时候已经快六点了。因为是冬季,天已经完全黑了下来。情急之下,她在保安的带领下进入教学楼内寻找,但是整个教学楼都是空荡荡的。林小强的妈妈心里想,也许孩子独自回家了,然后她赶紧驱车回家,可是到家后还是没有发现林小强。她马上给我打电话:"张老师,孩子还没回家,您能帮我问问老师和同学们吗?"我的心一下子就提到了嗓子眼,但还是故作镇静地安慰她:"您别急,孩子挺懂事的,不会瞎跑的。他们今天晚自习上的是数学,我给您问问数学老师。"于是我拨通了数学赵老师的电话,赵老师说:"今天是正常时间放的学,我看见他背着书包走出了教室。"然后,我又在班级群里向家长们求助,看看能否从其他同学那里找到线索。但除了收到家长们的关心之外,我没有得到任何有帮助的信息。我和林小强的妈妈再次联系,达成一致——如果孩子晚上八点不回来的话,我们就开始出去寻找,并且报案,求助警方。

时间一分一秒地过去,我不断地联系同学和赵老师,再次详细询问他上课的情况和放学时的情况。赵老师说,林小强这次数学考试成绩很不理想,他确实对林小强进行了批评,但不至于让他不敢回家。终于熬到晚上八点钟了,孩子依然没有回来。于是我们决定,由我和赵老师回学校查大门口监控;林小强妈妈在家等候;林小强的父亲和舅舅外出寻找并报案,大家随时保持联系。我和赵老师回到学校后马上把情况向校领导报告,并开始和保安调取监控录像,由于学校门口灯光暗、监控设备不太灵敏,监控录像的画面不是很清楚。通过一遍遍仔细地观看,终于发现林小强的行踪。只见他放学时背着书包、手里提着饭兜,挤在人群中走出了大门,向左侧走去,而他回家应该向右走,五点半的时候,他的妈妈就是在门口右侧等候的。他这是要去哪里?要去干什么?唯一能肯定的是,他不想回家,向左走是不想让他的妈妈看见。

孩子能够藏身的地方应该就是街边的商店、饭馆或是居民区的花园里。但周边地形复杂,居民多,而且走到尽头是一条铁路。我和林小强的父亲再次取得联系,决定分成两组进行拉网式排查。他的父亲和舅舅一组,我和赵老师一组。那时的时间大约是晚上九点钟。我和赵老师走在大街上,冬日的寒风吹在脸上像刀割一样疼。当时我也顾不了那么多了,只想着尽快找到孩子。我又担心又心疼:孩子吃饭了吗?
是不是特别冷?有没有危险?每一次都是满怀希望地进入
到一个地方,然后再垂头丧气地出来。询问行人,大家也纷
纷摇头。终于,到大约十点半的时候,传来了好消息——孩
子找到了。当他在街上游荡时,被巡逻的民警发现了。我们
大家赶到派出所时,孩子坐在角落里,一言不发,经历了一番
折腾之后,显得很是狼狈。见到我们时,他一头扎在我的怀
里,痛哭起来。这时我的心都碎了。当时我产生了疑问:孩
子应该和他的爸爸最亲啊!怎么就扎到我的怀里了呢?不
过还好,孩子终于能够平安回家了。

　　第二天,在我再三的追问之下,林小强才说出了实情。
因为他爸爸妈妈最近经常吵架,爸爸有好几天没有回家。再
加上考试成绩不够理想,所以就有了后来的事情。我跟他语
重心长地讲了很多道理,他的心情也平复了很多。后来我又
分别联系了他的爸爸妈妈,费了九牛二虎之力,终于把他们
的思想工作做通了。他们一起向孩子道歉,他们家的生活也
恢复到了平常的样子。渐渐地,那个活泼可爱的孩子又回
来了。

　　之后,我经常找他聊天,倾听他的心里话,也尽量让他明
白一个道理:遇到困难,不能逃避,要积极面对,不要畏惧向

他人求助,只要态度积极、肯付出,最后肯定会有一个好结果的。通过这件事,我也深深地认识到和谐的家庭环境对孩子的健康成长何等的重要!作为一名班主任,要随时观察学生的变化,善于走进学生的心灵世界,及早发现问题、解决问题。

　　作者简介:储为,硕士毕业于天津师范大学外国语学院英语语言文学专业,中学一级教师,从事英语教学10年,担任中学班主任累计7年,做区级观摩课及区级讲座。2016年至2018被选派赴英国苏格兰中小学孔子学院任汉语教师,并于2017帮助苏格兰Cross Arthurlie小学成功申请成为苏格兰第一家小学孔子课堂,同年被评为国家汉办优秀工作者。

"我讲清楚了吗?"给我的启示

储　为

通常我们老师在给学生讲完课或说完事情后,总是习惯地问一句:"你听明白了吗?"言下之意是,作为老师,我把该讲的知识都传授给学生了,要讲的事情我已经表达清楚了,如果学生有不懂或不清楚的地方,那应该是学生自己的理解有问题。似乎学生的不会、不清楚,都是学生的问题,而与老师无关。长此以往,学生也习惯了老师这样的问话:"你听明白了吗?"曾听到一个老师说过这样一段话:"每个老师总认为我们学生不会学习,学不会,而这也只是学生自己的问题,其实老师应该想想自己的课讲得怎样,清楚吗? 让学生感兴趣吗?"仔细想想,他说得很有道理,他提出了一个责任归属的问题。当老师说"你听明白了吗"时,是我们老师把"没听懂"的原因归咎于学生,而当老师说"我讲清楚了吗"时,是我们老师把"听没听懂"的责任先承担了起来。

这段话让我领悟到这样一个道理,教师在德育和教学工作中是否明确了自己的责任?是否真正地站在学生角度思考问题?是否时常换位考虑问题?这里讲一个真实的案例,在几年前刚工作的时候,由我来担任班主任的班级中有一个男孩,初一时的他少言寡语,与周围的同学很少交流,课下也总是安静地坐在座位上,甚至一度被我视为可以用来隔离爱在课上讲话学生的"屏障"。初二上学期开始,这个男孩的性格慢慢地发生了一些变化,起初是他开始经常和周围同学在课上讲话,到后来竟演变成课下打逗,有一次我甚至因为他和另外几个男同学在班内叠纸飞机而严厉地训斥了他。可就在请家长、写检讨书过后的一周,我接到了他父亲打来的电话:"其实一直都很想与您沟通,但因为小鹏的身体……"还没等我开口说话,电话那头的父亲便哽咽了起来,后来他告诉我:"小鹏因为颅内的血管瘤又复发了,所以必须办理休学""什么?休学?"听到这里,我愣住了,"怎么会这样?"电话那头的父亲说:"其实小鹏在小学时就曾因为脑血管瘤动了手术,事后我们还担心他的智力和心理健康会不会受到影响,但是,真的要感谢您,孩子这一年变化真是挺大的,不那么内向了,和我们总是谈笑风生的。可是……不过还是要谢谢您!您能来医院给孩子说说话吗? 他特别喜欢您!"说真的,在那一刻,我真的羞愧得无地自容。

我想,在最初进入班主任岗位的那一年,我更多的是凭借主观的臆断在看待和管理学生,重堵不重疏的简单做法让我只看到了在"爱闹腾学生"跟前安插"安静学生"这一特效办法所带来的一时好处,而忽略了对孩子长期的、追本溯源的教育。学生"爱闹腾"和"爱讲话"的根源其实或多或少的也与教师教育的疏忽有直接的关系。站在学生的角度看,其实爱说爱笑本就是天性,可站在老师的角度,爱说笑却变成了必须被压制的"恶习"。虽然很多年已经过去,但对于这件事情我却一直铭记在心。德育教育既是一门科学又是一门艺术,要学会倾听和观察,多多地换位思考。作为教师,我想我还有很多需要学习的地方。